Zazie dans le métro,
Raymond Queneau
Zazie dans le métro,
Louis Malle

In memoriam
René Milhaud

RÉSEAU DIAGONALES

Collection dirigée par Étienne Calais

Littérature et langages de l'image

Zazie dans le métro, Raymond Queneau
Zazie dans le métro, Louis Malle

Ouvrage coordonné par Marie-Lucile Milhaud

Marie-Noëlle Campana
Docteur ès lettres
Chargée de cours
à l'université Paris-Est Créteil

Stéphane Vial
PRCE IUFM de Nice
Université de Nice Sophia Antipolis

Marie-Lucile Milhaud
Agrégée de lettres modernes
IA-IPR de lettres honoraire

avec la collaboration de
Carine Terrematte
Agrégée de lettres classiques
Lycée Carnot, Cannes

Toutes les références renvoient à *Zazie dans le métro* édition Folioplus classiques n° 62 et au DVD du film de Louis Malle, n° 63694, Ateliers de diffusion audiovisuelle (Adav), 41, rue des Envierges, 75020 Paris (contact@adav-assoc.com).

Les noms d'œuvre suivis de la mention • font l'objet d'études dans la collection « Résonances », Ellipses.
Retrouvez tous nos titres sur le site : www.editions-ellipses.fr

ISBN 978-2-7298-75220
©Ellipses Édition Marketing S.A., 2012
32, rue Bargue 75740 Paris cedex 15

Le Code de la propriété intellectuelle n'autorisant, aux termes de l'article L. 122-5.2° et 3°a), d'une part, que les « copies ou reproductions strictement réservées à l'usage privé du copiste et non destinées à une utilisation collective », et d'autre part, que les analyses et les courtes citations dans un but d'exemple et d'illustration, « toute représentation ou reproduction intégrale ou partielle faite sans le consentement de l'auteur ou de ses ayants droit ou ayants cause est illicite » (art. L. 122-4).
Cette représentation ou reproduction, par quelque procédé que ce soit constituerait une contrefaçon sanctionnée par les articles L. 335-2 et suivants du Code de la propriété intellectuelle.

www.editions-ellipses.fr

Préface

« *Le programme de l'enseignement de littérature en classe terminale de la série littéraire (arrêté du 12 juillet 2011 publié au BOEN spécial n° 8 du 13 octobre 2011) précise que le travail sur le domaine "Littérature et langages de l'image" vise à "conduire les élèves vers l'étude précise des liens et des échanges qu'entretiennent des formes d'expression artistiques différentes". L'inscription au programme limitatif du roman de Raymond Queneau Zazie dans le métro (1959) et de la version cinématographique qu'en donne Louis Malle (1960) met en jeu les relations entre littérature et langage audiovisuel, en l'occurrence cinématographique. Le texte de Raymond Queneau et le film de Louis Malle relèvent à l'évidence de la relation d'adaptation. La lecture croisée de l'un et de l'autre, recourant aux outils d'analyse adéquats à chacun, vise à mettre en évidence la proximité et la spécificité de chaque médium créatif. Plus précisément, le caractère exactement contemporain des deux œuvres, leur dimension fortement réflexive et iconoclaste, induisent un questionnement critique sur la frontière, la portée et l'exemplarité de chaque code artistique. Plutôt qu'une simple illustration, on se situe avec le film dans le cas d'une transposition d'art, voire d'un prolongement de l'expérience mise en œuvre par le roman. Louis Malle importe et préserve la liberté conquise par Queneau. Il cherche ainsi à proposer une rénovation similaire pour le cinéma, soumettant la syntaxe, les genres et les registres, le régime de la citation et les formes du comique à un travail poétique équivalent de distanciation, de déconstruction et de reconstruction du langage.* »

Cet extrait du *BOEN* n° 11 du 15 mars 2012, a guidé notre travail. Nous avons souhaité tisser les liens nécessaires entre les deux œuvres en les interrogeant conjointement sur la construction du récit : la voix narrative, le traitement du temps et celui de l'espace. Nous n'en avons pas moins voulu considérer le roman et le film dans leur singularité : c'est ainsi que nous avons fait une large part à la construction des personnages et à la poétique du langage dans le roman pour nous interroger sur l'adaptation que Louis Malle avait faite de l'esthétique du « déplacement » de Queneau, sur les équivalences cinématographiques qu'il avait trouvées au langage quenien dans la perspective même d'une fidélité revendiquée à l'auteur de *Zazie*. Si le dernier mot est resté à Queneau, c'est simplement que *Zazie dans le métro* est d'abord une œuvre littéraire.

Un tableau comparatif entre le roman et son adaptation filmique aidera les élèves et les professeurs à se repérer dans la progression des deux œuvres et mettra en évidence ce que Louis Malle a supprimé, ajouté, déplacé, refondu. Il nous a paru absolument nécessaire d'analyser quelques séquences filmiques. Dans l'impossibilité de reproduire les photogrammes dont nous n'avons pas les droits, nous espérons que les indications données seront suffisantes pour que tout lecteur puisse se référer aux images commentées. La troisième partie de notre ouvrage comporte, entre autres, des textes critiques inédits et une série de propositions de sujets qui trouvent tous un écho dans le développement de notre étude.

Marie-Lucile Milhaud
Étienne Calais et les auteurs

Première partie

Deux auteurs pour une œuvre

I. Raymond Queneau

Marie-Noëlle Campana

1. Le non-conformiste

Une formation éclectique

Né au Havre le 21 février 1903, Raymond Queneau se tournera très tôt vers l'écriture, le langage et les mathématiques, domaines dans lesquels il s'investira tout au long de sa vie. Ses premiers écrits datent de 1913[1]. En 1914, il commence la rédaction de son journal[2] qu'il poursuivra jusqu'à sa mort. Curieux de tout, il se passionne pour les langues anciennes, lit de nombreux ouvrages, s'adonne à la chimie, à l'égyptologie, tout en poursuivant ses travaux d'écriture. 1917 semble être une date décisive: il découvre la poésie, grâce à la lecture de Verhaeren, et... les mathématiques. **L'écrivain soucieux d'appliquer la méthode scientifique à la littérature est en germe**... De son enfance mise en poésie dans *Chêne et Chien*, il gardera le souvenir de son père qui l'emmène fréquemment au cinéma, voir notamment les films de Charlie Chaplin ou de Mack Senett.

---

1. À la question de Marguerite Duras: « *Quand avez vous commencé à écrire ?* » Queneau répond: « *Je n'ai pas de souvenir de ne pas avoir écrit* », in Marguerite Duras, *Les Yeux verts*, « Raymond Queneau, Lire des manuscrits », *Cahiers du cinéma*, 1980/1987, nouvelle édition 1987, p. 148-152. L'article, inédit, date de 1960.
2. Lettre inédite de Raymond Queneau adressée à la librairie Gallimard et aux *Nouvelles Éditions de Films*, 24 décembre 1959. Centre de documentation Raymond-Queneau, bibliothèque municipale de Verviers (Belgique), classeur 23.

Raymond Queneau quitte sa ville natale en 1921, date à laquelle il part s'installer en région parisienne. Ses parents, petits commerçants, ont vendu leur mercerie pour accompagner leur fils unique venu suivre ses études de philosophie à La Sorbonne. Cette même année, il s'enthousiasme pour Leibniz et Proust et commence la lecture de René Guénon[1], philosophe orientaliste des traditions mystiques qui l'accompagnera sa vie entière.

S'il avait été un élève studieux au lycée du Havre, à Paris, il erre un peu entre la science et les lettres, fréquente assidûment les cinémas, apprend l'allemand, l'italien en plus de l'anglais, prend des cours de mathématiques, et obtient sa licence de philosophie en 1926.

Une rencontre déterminante

En 1924, il se lie avec le groupe surréaliste, qui influencera considérablement son parcours d'écrivain et d'homme. Il ne faut pas voir dans ce ralliement au groupe une adhésion à un courant littéraire : Queneau peut enfin vivre sa passion pour l'écriture, affirmer son goût de la révolte, et choisir un mode de vie fondé sur la liberté et l'audace. L'influence surréaliste dans l'œuvre de Queneau se mesure dès la lecture de *Journaux*, où il consigne scrupuleusement ses rêves à partir de l'année 1924. Des années plus tard, Gabriel, dans *Zazie dans le métro*, s'interrogera sur la réalité du week-end parisien de Zazie comme si **le roman n'était que la simple écriture d'un rêve éveillé** (p. 92). Chargé de la documentation au Bureau central de recherches surréalistes, Queneau

---

1. René Guénon (1886-1951) est un métaphysicien français faisant autorité dans les domaines de l'ésotérisme, du symbolisme et de l'étude comparée des religions. D'une érudition exceptionnelle, il était réputé pour son honnêteté intellectuelle et son absence de recherche de pouvoir ou d'argent. Visionnaire, il prophétise, dès les années vingt, *La Crise du monde moderne*, titre d'un de ses ouvrages les plus célèbres.

développe ses qualités d'encyclopédiste, et écrit de nombreux textes, dont une partie sera perdue par Breton...

Cependant, bien que sa participation au groupe fût prudente, circonspecte et sélective, **le surréalisme représenta pour lui, semble-t-il, une étape initiatique nécessaire.** Sa collaboration au mouvement littéraire, pour temporaire qu'elle fût, a fixé ses critères et ses choix d'écriture. Le surréalisme lui a appris l'amour et le plaisir du langage, et la fidélité à cet amour-là ! De même, Breton et ses amis vont insuffler à tous les membres du groupe un élan nouveau dans la conquête d'images neuves. L'ostentation bruyante et parfois adolescente de leurs revendications – écriture automatique, jeux d'écriture collective comme le cadavre exquis, recherche des symboles, culte de l'onirisme, recherche effrénée de l'union du réel et de l'imaginaire – masque trop souvent le sérieux profond de leur entreprise. Le caractère discret de Queneau retiendra ce sérieux... Lorsqu'il quitte le groupe en 1929, pour raisons strictement personnelles et non idéologiques[1], son œuvre est à venir. Il n'a encore rien écrit de rigoureusement construit. Mais c'est seulement à partir du moment où il démissionne du mouvement qu'il peut disposer réellement de son autonomie d'écrivain.

L'entrée en écriture

Cette rupture le laisse néanmoins désemparé, et révèle une crise mystique profonde qui durera une dizaine d'années. Il se passionne pour les doctrines religieuses, cherchant incessamment des réponses, entreprend une psychanalyse, et s'engage politiquement aux côtés du parti communiste, sans toutefois y adhérer. En 1933, il publie son premier roman *Le Chiendent*, à la construction rigoureuse, à la fantaisie débridée, qui combine

---

1. Queneau était marié à Janine Kahn, sœur de Simone Kahn, alors épouse de Breton. Lorsque ce dernier a divorcé, il a imposé aux membres du groupe de ne plus adresser la parole à son ex-femme. Queneau n'a pu, ni voulu, suivre cette injonction, il a donc quitté le groupe.

plusieurs récits, à la manière des *Faux monnayeurs*• d'André Gide édité chez Gallimard en 1925. Comme *Voyage au bout de la nuit*• de Louis-Ferdinand Céline, paru un an plus tôt, *Le Chiendent* intègre le langage populaire dans sa narration et met en scène des héros modestes et désargentés. Écrit en pleine crise existentielle de Queneau, ce premier roman pose la question majeure de l'identité, sur la base d'une transposition originale du *Discours de la méthode* de Descartes en français parlé. Queneau circonscrit également un des objectifs du romancier, faire d'une silhouette un personnage à part entière, tout en mettant en garde le lecteur : **le monde fictif reste une illusion, et l'auteur peut à tout moment intervenir.** Cette exigence romanesque deviendra l'épigraphe – en grec et empruntée à Aristote – de *Zazie dans le métro* dont la traduction donne : « Celui qui l'a créé l'a fait disparaître ».

Les années qui vont suivre verront un Queneau plus serein. Bien que toujours préoccupé par la métaphysique, il privilégie une démarche rationnelle, indispensable à la création selon lui.

2. Une singularité affirmée

La période des succès

En 1941, Queneau devient secrétaire général des éditions Gallimard. Il continue son exploration des ressources du langage : en 1947 paraît *Exercices de style*, premier grand succès de Queneau à être adapté au théâtre par Yves Robert. Publiant tour à tour des recueils poétiques – un de ces poèmes *Si tu t'imagines*, chanté par Juliette Gréco, sera « la chanson la plus populaire de l'année 1949 » – et de nombreux articles traitant du langage, de la philosophie, du cinéma ou des mathématiques, des préfaces... Il écrit aussi des romans, toujours singuliers[1]. Il se

---

1. Par exemple, les recueils poétiques *Chêne et chien* ou *L'Instant fatal* (1937) les romans, *Les Derniers Jours*, *Un rude hiver*, *Pierrot mon ami*...

lance même dans l'écriture d'un roman érotique publié par les éditions du Scorpion dès 1947! Il traduit George du Maurier[1], écrit des scénarios, activité qu'il avait commencée grâce à Prévert en 1930. Son intérêt pour le cinéma influence considérablement son style romanesque. Queneau reconnaît dans cet art son souci d'une langue dynamique et populaire, et du récit séquentiel. Ces caractéristiques faciliteront considérablement l'adaptation de Louis Malle en 1960.

Après guerre, devenu un pilier de « Singermindépré », Queneau s'amuse... Complice de Sartre, de Gréco, de Merleau-Ponty, de Pontalis, il fréquente les « caves » si chères à Zazie. L'atmosphère est à la fête, à la fantaisie, et à la contestation des techniques d'écriture traditionnelles grâce à des dramaturges comme Beckett (*En attendant Godot**, 1952), et Ionesco (*La Cantatrice chauve***[2], 1950), des poètes comme René Char (*Fureur et mystère*, 1948) et Henri Michaux, (*Ailleurs*, 1948), des romanciers comme Michel Leiris[3] (*Aurora*, 1946), Jean Genet (*Querelle de Brest*, 1947), enfin au mouvement littéraire du « nouveau roman » où l'œuvre devait être moins « l'écriture d'une aventure que l'aventure d'une écriture[4] ». Pour des écrivains tels que Nathalie Sarraute, Alain Robbe-Grillet ou Michel Butor, il s'agissait essentiellement de privilégier les aspects formels du roman et par là, brouiller les indices de l'intrigue et de l'identité des personnages... En 1945, Queneau commence la rédaction de *Zazie dans le métro*.

---

1. Né français, écrivain et illustrateur britannique (1834-1896), auteur de *Peter Ibbetson*.
2. Cette première pièce d'Eugène Ionesco, à défaut d'attirer immédiatement le public, retiendra l'attention de plusieurs critiques du Collège de 'Pataphysique.
3. En 1957, Michel Leiris sera nommé Satrape du Collège de 'Pataphysique, et publiera de nombreux textes dans la revue du Collège.
4. *Pour une théorie du nouveau roman*, Jean Ricardou, Essais Seuil, 1971.

Ami de Boris Vian dont il aime le sérieux de l'écriture et la personnalité loufoque[1], il fonde la société de films *Arquevit* et tous deux collaborent au scénario de *Zoneilles*[2], un film qui ne fut jamais réalisé. De 1952 à 1960, Raymond Queneau écrit les dialogues de plusieurs films : outre *Monsieur Ripois*, de René Clément, il faut citer *La Mort en ce jardin*, de Luis Buñuel, et *Le Dimanche de la vie*, de Jean Herman[3], tiré de son propre roman. Il crée les chansons du film *Gervaise* de René Clément (1956), et écrit les doublages de *La Strada* de Federico Fellini (1954) et de *Certains l'aiment chaud* de Billy Wilder (1959). Parallèlement à toutes ces activités, il expose ses gouaches, s'inscrit à la société mathématique de France, entre au Collège de 'Pataphysique[4], la « Science des exceptions et des solutions imaginaires » imaginée par Alfred Jarry… Directeur de l'Encyclopédie de la Pléiade chez Gallimard, il publie *Histoire des littératures*, qu'il préface en insistant sur la nécessité d'une diversité des publics, érudits et populaires. En 1955, il contribue à faire publier Vladimir Nabokov, dont le roman *Lolita* (1955) met en scène une préadolescente dévergondée… En 1959, paraît son roman le plus célèbre, *Zazie dans le métro*, immédiatement adapté au théâtre par Olivier Hussenot et au cinéma par Louis Malle. Ce succès soudain surprend Queneau

---

1. Raymond Queneau n'oubliera pas de le citer malicieusement : « *Vous croyez comme ça qu'on a fait plusieurs guerres victorieuses pour que vous veniez cracher sur nos bombes glacées ?* », *Zazie dans le métro*, p. 133. On reconnaît aisément la reprise du titre de Boris Vian, *J'irai cracher sur vos tombes.*
2. En collaboration avec Michel Arnaud, Paris, Collège de 'Pataphysique.
3. Qui écrira plus tard sous le nom de Jean Vautrin.
4. Jarry donne l'exemple de la montre qu'on dit ronde alors qu'on lui voit de profil une figure rectangulaire étroite, et qui, vue de trois quarts, apparaît elliptique. La « réalité », quand nous la percevons, n'est que la représentation linéaire d'un de ses aspects auquel notre imagination seule prête une totalité. Dans le cas de la montre ronde, l'imagination est assez pauvre. C'est surtout la volonté de mettre une indétermination au centre de l'explication du monde. Le mot 'Pataphysique est toujours précédé d'une apostrophe.

Première partie. Deux auteurs pour une œuvre

plutôt habitué à un petit cercle de lecteurs attentifs et exigeants, intéressés par ses réflexions sur le langage. 1960 est l'année de **la création de l'Oulipo**, avec François le Lionnais, dont le projet est d'interroger la mathématique pour proposer de nouvelles structures susceptibles de renouveler la production de textes littéraires. La création de ce groupe littéraire, qui refuse l'appellation d'école, a été considérablement influencée par les conceptions littéraires de Raymond Queneau, qui venait de publier *Cent Mille Milliards de poèmes*. **L'Ouvroir de Littérature Potentielle** insiste sur le caractère non hasardeux de cette forme de littérature[1]. Cette caractéristique fondamentale provient de Queneau, de sa fréquentation des surréalistes, et de sa rupture avec le groupe. C'est lui qui, bien avant la création de l'Oulipo, oppose la production aléatoire et la production sous contrainte choisie. Il écrit dans *Le Voyage en Grèce*, dès 1939 :

> « *Une autre bien fausse idée qui a également cours actuellement, c'est l'équivalence que l'on établit entre inspiration, exploration du subconscient et libération, entre hasard, automatisme et liberté. Or cette inspiration qui consiste à obéir aveuglément à toute impulsion est en réalité un esclavage. Le classique qui écrit sa tragédie en observant un certain nombre de règles qu'il connaît est plus libre que le poète qui écrit ce qui lui passe par la tête et qui est l'esclave d'autres règles qu'il ignore.* »

Voici quelques exemples de contraintes oulipiennes productives de textes : **le lipogramme**, une contrainte qui consiste à écrire un texte en renonçant à une lettre de l'alphabet[2] – de ce lipogramme découlera une liste d'autres procédures, car les Oulipiens considèrent qu'une contrainte crée d'autres contraintes

---

1. Claude Berge, membre fondateur : « *L'oulipo, c'est l'anti-hasard* », cité par Jean Lescure in *Oulipo, Atlas de littérature potentielle* (voir Hervé Le Tellier *Esthétique de l'Oulipo*, Le Castor Astral, 2006).
2. C'est ainsi que Georges Perec écrira *La Disparition*, roman policier qui ne comporte aucun « e ».

potentielles; **le monovocalisme**[1] qui n'autorise qu'une seule voyelle; **la contrainte du prisonnier** (les seules consonnes utilisées sont celles qui n'ont ni queue ni hampe); **la belle absente** (forme fixe de poésie), etc. L'Oulipo redonne également vie au **palindrome**[2], à l'**anagramme**, à **la sextine** des troubadours...

Une fin de vie tourmentée

En 1964, peut-être agacé par le succès de *Zazie dans le métro*, Queneau semble vouloir rompre avec l'engouement du public, et publie *Les Fleurs bleues*• qui mêle deux héros à différentes périodes historiques. Roman de la confusion voulue, anachronismes et archaïsmes croisés, jeux de mots et citations, composition arithmétique, tout concourt à déstabiliser le public acquis en 1960. Paraissent ensuite la trilogie poétique, *Courir les rues, Battre la campagne, Fendre les flots* et le dernier roman *Le Vol d'Icare* (1968). Après le décès de sa femme en 1972, Queneau se tourne à nouveau vers la religion et l'Orient et publie un dernier recueil poétique *Morale élémentaire*, fondé sur le *Yi-King*. Il meurt en 1976.

3. Le contexte historique de la rédaction de l'œuvre

L'après-guerre

La période de rédaction du roman couvre une dizaine d'années, avec des interruptions. En 1945, Raymond Queneau a l'idée et le titre de ce nouveau texte, écrit quelques feuilles, puis

---

1. Perec publiera ensuite *Les Revenentes*, avec « e » comme unique voyelle.
2. Le palindrome est une figure de style qui désigne un texte (ou un mot) dont l'ordre des lettres reste le même qu'on le lise de gauche à droite ou de droite à gauche. L'exemple le plus célèbre est : « Esope reste ici et se repose ». « Été », par exemple, est un mot palindromique.

quelques autres en 1949, et s'attache à l'écriture définitive entre 1953 et 1956. Cette période de l'Histoire explique partiellement le succès de *Zazie dans le métro*. Queneau, comme ses contemporains, a subi la guerre et son cortège d'images tragiques. La fin des hostilités laisse place à un véritable espoir, à un élan d'euphorie chez les Français. Reconstruire et faire « peau neuve », voilà les nouveaux credos de la France d'après-guerre ! La situation économique reste toutefois quelque peu précaire : le pays est en pleine reconstruction, et les Français doivent assurer de longues et dures journées de travail pour de maigres paies. Associée à un contexte international tendu – c'est le début de la guerre froide –, la situation dégénère en violentes grèves en octobre/novembre 1947. Mais la reconstruction est en bonne voie, et la hausse des salaires dépasse celle des prix, dès 1949. **Les Trente Glorieuses** commencent. Le public, après les années noires, désire plus de légèreté, de distraction. Cette volonté des Français de se tourner davantage vers les loisirs et le divertissement illustre ce soulagement généralisé. Le séjour trépidant d'une jeune provinciale dans la capitale a donc de quoi séduire un public désireux de plus d'insouciance… Cette légèreté ambiante se retrouve également dans le retour en force de la presse populaire et régionale. Les Français se sont en effet lassés des articles jugés trop inquiets, trop moralistes, trop politisés. Dans les années 1950, les grands reportages et le spectaculaire côtoient les faits divers, et la presse inspirée des tabloïds britanniques rencontre un franc succès ; Zazie lit donc « le *Sanctimontrais du dimanche,* […] où ya des amours célèbres, l'astrologie et tout » (p. 90).

Ces quotidiens répondent aux besoins d'informer, de cultiver, de divertir. Et dans le roman, aucune des nombreuses évocations de la presse ne se réfère à la vie politique. « Vous lisez les journaux ? » demandera Zazie à Trouscaillon à propos du pseudo-assassinat de son père (p. 51).

En revanche, les allusions à l'Histoire concernent majoritairement **la période sombre de l'Occupation** encore présente à l'esprit en 1959. « Le forain » se souvient précisément des *jitrouas*, en France, durant la guerre; « J3 » était l'abréviation de « jeune 3e catégorie », c'est-à-dire un jeune âgé de treize à vingt et un ans; cette indication figura à partir de 1941 sur les cartes de rationnement (p. 57). Si Jeanne Lalochère a été « occupée » – et le lecteur se doute de quelle manière! – Turandot, derrière son « *zinc en bois depuis l'occupation*[1] », a poursuivi son activité commerciale avec l'ennemi, mais sans grand succès: « *Avec le marché noir, je me suis démerdé comme un manche. Je ne sais pas comment je m'y prenais, mais [...] en juin 44, c'est tout juste si j'avais un peu d'or à gauche* » (p. 38). Gabriel, lui, a « *fait ses preuves. Pendant la guerre.* [...] ». Mais il ne s'est pas engagé dans les combats contre l'ennemi. Il travaillait, mais pour « *L'esstéo.* [...] *Le travail obligatoire. En Allemagne* » (p. 70). Cependant Gabriel avoue, comme s'il parlait au nom de tous les Français qui se sont adaptés à la guerre: « *au fond on avait pas la mauvaise vie* » (p. 37). Avec cette remarque somme toute assez innocente, prononcée au cours d'une conversation entre voisins, Raymond Queneau met l'accent sur l'adaptation – un peu honteuse – des Français à l'Occupation allemande. Ils ont même intégré dans leur vocabulaire quelques mots trop souvent entendus pendant cette période, « natürlich » (p. 10, p. 49), « schnell » (p. 96) ou « gretchen », le diminutif du prénom Margarete, très courant en Allemagne, et qui sert à désigner les Allemandes en général[2] (p. 120). **Nous sommes loin d'une description de l'héroïsme des résistants et des combattants,** nous sommes dans la description de la vie quotidienne de

---

1. P. 19, 34, 70.
2. De plus, on peut lire « fèr' ghiss ma-inn nich't' » qui est la transcription phonétique de « *vergiss mein nicht* » qui signifie « ne m'oubliez pas ». (p. 164). C'est aussi l'autre nom du myosotis, une petite fleur bleue...

Première partie. Deux auteurs pour une œuvre 17

la majorité dite silencieuse. Comme le montre le film *Les Visiteurs du soir* de Marcel Carné, sorti en 1942, et cité par deux fois (p. 29, p. 166), Queneau s'engage toujours discrètement, mais fermement : le film de Carné – scénario de Jacques Prévert – retrace sous forme de parabole, les compromis de l'époque.

Les années d'après-guerre seront marquées par de nouveaux courants littéraires qui cultiveront la désillusion ; on entre alors dans ce que Nathalie Sarraute appelle « l'ère du soupçon ». Parce que le recours à l'arme nucléaire a, pour la première fois dans l'histoire de l'humanité, montré que l'espèce humaine pouvait être anéantie, les écrivains se préoccupent davantage de la situation de l'homme dans l'univers. Dans le genre romanesque, l'humanisme des romanciers du début du siècle disparaît au profit d'une littérature préoccupée par le problème de l'existence : les personnages sont « dépassés » et, comme Bardamu dans *Voyage au bout de la nuit** de Céline, ou Gabriel méditant sur l'existence (p. 91-92), ils rejettent les valeurs-repères en constatant l'absurdité du monde et de leur condition.

La société change

Lorsque le roman paraît en 1959, la guerre d'Indochine est terminée et celle d'Algérie commence. Cependant le colonialisme touche à sa fin, l'Afrique du Nord s'est dégagée des protectorats de Paris et la majorité des Français assume sans état d'âme ni culpabilité sa défiance envers les Nord-Africains. « L'automobiliste » peut spontanément conseiller à Trouscaillon qui vient de le siffler d'aller « *se faire voir par les Marocains* » (p. 111). Le même Trouscaillon, soupçonneux et acharné à accuser Gabriel, imagine que ce dernier prostitue sa nièce et assène : « *J'espère au moins que vous ne la vendez pas aux Arabes* » (p. 61). Restant dans le domaine de la sexualité dévoyée où, selon les Français, excellent les Arabes, une femme clôt le dialogue avec son mari désireux d'érotisme inhabituel par un vigoureux « *va te faire voir chez les crouilles* » !

Dès 1956, la société française continue sa mutation engagée au sortir de la Seconde Guerre mondiale. La modernité s'installe peu à peu, c'est ainsi que si « *Paris est un grand village* [...] *tout Paris ne ressemble pas à cette rue* » et perd « *sa mine provinciale* » (p. 32). Les appartements ont un confort moderne : Zazie découvre chez Gabriel des « *vécés* » qui « *étaient à l'anglaise* » (p. 31), c'est-à-dire pourvus d'un siège, à la différence de ceux « à la turque », qui étaient alors les plus répandus en France.

Les Français deviennent à présent « américanophiles ». Effectivement, « *les trucs automatiques américains* » (p. 39) se développent, Zazie boit du « *cacocalo* » (p. 17, p. 46) et court acheter des *bloudjinnzes*[1] dans les « *surplus américains* » (p. 46). Quant au langage, il subit les assauts de l'américain que l'on tente de franciser, ainsi l'on commence à parler « *amerloquain*[2] »... La vie change : « *à l'une des portes de la ville. De superbes gratte-ciel de quatre ou cinq étages* » (p. 43), Gabriel parle de cette « *tévé* » popularisée en 1953[3] (p. 23), de « *cinémascope*[4] » (p. 24) et on peut désormais écrire avec « *un stylo à bille* » (p. 34). Mais ces multiples transformations cohabitent avec les traits un peu désuets de cette société. On y trouve encore des échoppes, comme celle du cordonnier Gridoux ou celles des « remailleuses de bas » – un métier perdu ! (p. 41), des appartements sans salle de bains

---

1. Ces « blue jeans » symbolisent la révolte de la jeune génération ; ceux pour femmes apparaissent en 1948 (la fermeture éclair était sur le côté et non sur le devant, la taille étant haute et ajustée, les hanches rondes, et les jambes légèrement rétrécies et fuselées).
2. Mot dérivé de l'argot « amerloque ».
3. La France ne comptait, en 1956, que cinq cent mille récepteurs.
4. Procédé cinématographique inventé en 1927, qui permet la projection sur un écran large. Le premier film en cinémascope fut présenté en 1953, et connut une large diffusion populaire.

(p. 7), un type « *affublé de grosses bacchantes noires, d'un melon, d'un pébroque [...] un acteur en vadrouille, un de l'ancien temps* » (p. 44). Même Saint-Germain-des-Prés est « *tout ce qu'il y a de plus démodé* », malgré les affirmations de Zazie ! Mais il faut dire qu'elle est une petite provinciale et qu'elle ne connaît de Paris que ce qu'elle lit dans « *L'Argus de la Presse* » (p. 52) ou dans son « *canard à la page même pour la province* » (p. 90).

Le public n'a eu aucun mal à se projeter dans le contexte très contemporain du roman. Queneau intègre même « *les employés aux pinces perforantes* », immortalisés en 1958 par la chanson de Serge Gainsbourg, *Le Poinçonneur des Lilas* !

Le public s'est également projeté dans cette nouvelle forme d'écriture, rythmée, qui correspond à la vie moderne en marche. L'humour, cette légèreté apparente du langage, cette « *mouflette* » insolente, délurée, sont autant de traits séduisants. Le roman parle autant au Parisien qui rit des confusions de Gabriel et Charles devant les monuments, qu'au provincial désirant légitimement emprunter le métro...

De plus, Queneau, à travers ce langage décapant, et cette fameuse clausule grossière qui rythme le roman, met en scène une certaine liberté qui naît dans ces années-là, s'exprimera dans le cinéma avec la nouvelle vague[1], par exemple, et plus globalement, en mai 1968.

---

1. Les années 1950 sont une période où des mouvements artistiques apparaissent et sont alors qualifiés de « nouveaux » par la presse : « nouveau roman », « nouveau théâtre », etc. « La nouvelle vague », avant d'être le nom d'un mouvement dans l'histoire du cinéma, était une formule journalistique. La nouvelle vague, composée de jeunes réalisateurs dont François Truffaut et Jean-Luc Godard, peut se définir par ses techniques cinématographiques révolutionnaires (tournages en extérieur, coupes dans le montage, réalisme du quotidien revendiqué dans la fiction, acteurs parfois non professionnels...). En plein cœur de la nouvelle vague, en 1960, sort le troisième film de Louis Malle, *Zazie dans le métro,* qui explore le langage cinématographique comme Queneau explore le langage littéraire.

4. La singularité de l'œuvre

Un roman d'exception

Zazie dans le métro a cette double particularité d'être un succès foudroyant – 50 000 exemplaires vendus dès le premier mois de sa parution – et constant : le roman se vend très bien encore aujourd'hui. *Zazie dans le métro* fut également un succès aussi tardif qu'inattendu pour un auteur peu encore accoutumé aux tirages massifs. Ce roman dont il n'existait rien de vraiment analogue dans la littérature française entra brutalement dans la liste des meilleures ventes.

Zazie Lalochère, âgée d'une douzaine d'années, vient passer un week-end à Paris chez son oncle Gabriel, un « *colosse* » qui travaille comme danseuse de charme dans un cabaret. Zazie fait rapidement le tour de la capitale, rencontre un satyre, puis retourne dans sa province natale sans avoir vu ce métro qui l'intéresse tant. Résumé ainsi, l'argument de ce roman célèbre s'avère assez léger, pour ne pas dire plus. L'originalité réside donc dans la narration en apparence traditionnelle car linéaire, où évoluent Zazie et son oncle, ces deux personnages fantasques et extravagants. Grâce à eux, Queneau bouscule les règles d'écriture, notamment avec ce langage « *de gens simples qui utilisent un langage simple*[1] ». Oser commencer un roman par « *Doukipudonktan* » relève de la plus grande audace[2] ! Et personne jusqu'à présent n'avait lu, en français du moins[3], des termes aussi saugrenus que « *lagoçamilébou* »,

---

1. Interview de R. Queneau, émission « Lectures pour tous », ORTF, 2 avril 1959. Archives Ina. Émission incluse dans le DVD Arte 2005, ou disponible en ligne à l'adresse : http://www.ina.fr/video/I00011504/raymond-queneau-a-propos-de-zazie-dans-le-metro.fr.html
2. Ce néologisme n'a de force que parce qu'il est écrit.
3. *Finnegans Wake*, roman de James Joyce publié en 1939, mêle plusieurs langues inventées, forgées de néologismes, d'assonances, mots-valises, etc. Queneau était un grand admirateur de Joyce.

« *vozouaetvovos* ». La transgression linguistique n'est là que pour jouer d'une autre transgression, celle des valeurs sociales établies : homosexualité, excès, inconduite...

À travers le regard irrespectueux de Zazie et son langage libéré de toute contrainte, souvent décalé, la « *mouflette* » insolente et rusée dévoile les dérobades des adultes, et met à mal les faiblesses de cette société en pleine mutation. En 1959, dans ce cadre social un peu dépassé dont les Français souhaitent se libérer, **Zazie incarne la fougue et la force vivante de cette volonté de liberté.** Cette héroïne inconvenante contredisait l'image policée de Minou Drouet[1], la sage fillette poétesse qui défrayait alors l'actualité.

Surprenant pour les uns, dérangeant pour les autres, ce roman novateur témoignait d'une grande fraîcheur et d'une liberté de ton inconnue dans les années cinquante, où tout était suggéré, évoqué et non montré. La lecture était aisée, joyeuse et divertissante. Le projet de Queneau semblait uniquement ludique, et renversant. Les romans à succès publiés durant l'année 1959 furent majoritairement de facture classique : *Aimez-vous Brahms ?* de Françoise Sagan, *Le Dîner en ville* de Claude Mauriac, *Un singe en hiver* d'Antoine Blondin ou *L'Espagnol* de Bernard Clavel. Si *Zazie dans le métro* est classiquement ordonné – certains critiques ont insisté sur la règle des trois unités qui le structure – le rythme et la prolifération langagière en font un texte indéniablement original qui dénonce les stéréotypes narratifs. Si, à partir de 1953, le nouveau roman posait la question fondamentale « qu'est-ce que la littérature ? », Queneau, à titre individuel, interrogeait lui aussi la littérature avec *Zazie*... sans toutefois suivre un modèle narratif spécifique imposé par un groupe littéraire.

---

1. Marie-Noëlle Drouet, dite Minou Drouet, née à Paris le 24 juillet 1947, 12 ans en 1959, est une poétesse française qui, dans les années 1950 et 1960 suscita de nombreuses polémiques à propos de ses écrits. Dans le manuscrit initial, Queneau écrit « *je me mets à faire mon Drouet* ».

Zazie dans le métro dans l'œuvre de Queneau

Les romans de Queneau se caractérisent par une structure souvent recherchée : *Le Chiendent* est bâti sur une charpente numérique complexe de 91 courtes sections, *Les Enfants du Limon*, alterne récit et textes authentiques de fous littéraires. Après *Zazie*, les deux héros des *Fleurs bleues*• se répondent en écho, tandis que *Le Vol d'Icare* se rapproche du genre théâtral... Il semble qu'avec la facture linéaire de *Zazie dans le métro*, Queneau se préoccupe moins d'architecture rigoureuse et déclare par ailleurs : « Je n'ai pas craint de me répéter[1] », comme si ce roman lui permettait enfin une relative décontraction.

Zazie dans le métro tient également une place à part dans la production romanesque : c'est le plus parisien de ses romans. Queneau connaît intimement Paris, il a tenu pendant quelques années une rubrique quotidienne dans le journal *L'Intransigeant*, « Connaissez-vous Paris[2] ? » Si la ville constitue une thématique importante pour Queneau, Paris reste l'unique décor avec sa gare d'Austerlitz, ses rues, ses bâtiments, ses puces de Saint-Ouen, ses embouteillages, ses passants et... son métro[3]. Attentif au langage, Queneau avait pour habitude de se mettre à l'écoute dans les bars, ou recueillait les boutades des chauffeurs de taxi. Pour mieux évoquer Paris, Queneau met en scène Turandot, et Charles, respectivement tenancier de bar et « *taximane* ».

L'espace-temps présente également moins de soin que dans les autres romans : si Jeanne Lalochère donne rendez-vous à Gabriel « *après-demain pour le train de six heures soixante* », Charles assure à Turandot que « *la petite reste que deux ou trois jours* ».

Depuis l'enfance, Queneau s'est passionné pour le cinéma. *Journaux* montre que, comme Tuquedenne, Raymond Queneau

---

1. Interview de R. Queneau, dans « Lectures pour tous », émission citée.
2. Publié dans la collection Folio/Gallimard, 2012.
3. Le recueil poétique *Courir les rues* (1967) aura comme unique décor Paris.

Première partie. Deux auteurs pour une œuvre 23

fréquentait assidûment les salles obscures, et comme l'ont analysé de nombreux critiques, **l'écriture de ses romans s'apparente fréquemment à une écriture cinématographique.** Le cinéma se révèle thème poétique et romanesque si récurrent que René Micha, un critique contemporain de Queneau, le qualifie d'« *homo cinématographicus*[1] »! Et tous ses personnages iront au cinéma, hormis Icare puisque l'intrigue se déroule avant la première projection des frères Lumière, et les héros d'*On est toujours trop bon avec les femmes* enfermés dans le bureau de poste de Dublin... Le métro étant en grève, personne ne va au cinéma, malgré le désir de Zazie (p. 24).

Si l'on regarde du côté des petites filles, déjà présentes dans l'œuvre, Zazie les surpasse toutes. Tout d'abord, dès *Le Chiendent*, apparaît Florette « *qui a treize ans et du vice*[2] ». *Un rude hiver* met en scène Annette, une « *petite fille [qui] devait avoir dans les quatorze ans, un peu moins peut-être [...] [Bernard] examina plus attentivement la petite fille et la trouva bonne proie pour un satyre*[3] ». Malgré son jeune âge, Annette a des attitudes bien équivoques face aux hommes... Puis vient Lulu Doumer, ambitieuse et peu farouche, âgée de quatorze ans au premier chapitre de *Loin de Rueil,* et que l'on voit évoluer dans le roman, jusqu'à devenir prostituée (comme Florette)... *Le Dimanche de la vie,* qui précède *Zazie,* évoque avec régularité un personnage presque inexistant, la petite Marinette, uniquement caractérisée par le terme de « *garce* », et qui n'a qu'une présence verbale.

Selon Queneau, Zazie « *n'a qu'onze ou douze ans*[4] » mais aucune des héroïnes qui l'ont précédée dans l'œuvre n'a ce

---

1. René Micha, « Queneau et le cinéma », *L'Arc,* 1966, p. 68.
2. *Le Chiendent,* Folio/Gallimard, p. 256.
3. *Un rude hiver,* Folio/Gallimard p. 6.
4. *Uneuravek,* interview de Raymond Queneau par Marguerite Duras, *L'Express,* 22 janvier 1959.

langage dévergondé! Après 1959, le personnage de petite fille ne se manifestera plus dans l'œuvre comme si *Zazie* avait littéralement épuisé cette thématique récurrente…

5. L'accueil critique

Zazie dans le métro connut un succès foudroyant. Les nombreux articles de presse s'attachèrent en priorité à la truculence de cette petite fille, à la verdeur du langage, à « la rigolade » réduites le plus souvent à un humour potache. Les critiques s'amusèrent alors à faire du Queneau, comme en témoignent les titres de leurs articles.
- « *Uneuravek Queneau* », parue le 12 janvier 1959 dans l'*Express*. Marguerite Duras fut la première à parodier le style Queneau avec cette longue interview. C'est d'autant plus surprenant qu'elle avait une grande estime (et une grande reconnaissance) pour l'écrivain Queneau, comme elle le confia plus tard dans *Écrire*.
- « *Zazie dans le métro ou keskididon Remonkeno* » (Claude Roy, *Libération* du 28 janvier).
- « *Cékéboché Keno Célambigu* » (Pierre Descargues, *La Tribune de Lausanne*, 1er février).
- « *De M. Queneau à Msieukeno* » (André Berry, *Combat*, 12 mars).
- « *Meussieu Remonkeno de la Kademie Gonkour* » (Pierre-Olivier Walzer, *Le Journal de Genève*, 11 avril).
- « *Gézétéchézazi* » (Jean Fayard, *Le Figaro*, 19-20 septembre).
- « *Queneau et Zazie sont allés renifler les katchevo et les DS* » (Mathieu Galey, *Arts*, octobre).
- *Le Canard enchaîné* du 18 février titrait, lui, « *Zazie dans le métro ou mon c… sur l'incommode* ».

Hormis ces titres saugrenus, le corps des articles soulignait tout de même le talent de l'écrivain. Le 1er février, Pierre Daix composa

Première partie. Deux auteurs pour une œuvre 25

un long article dans *Les Lettres françaises* sobrement intitulé « *D'un comique nommé Queneau* », suivi par celui d'Olivier Magny « *un roman initiatique* ». « *Après la lecture de* Zazie *dans le métro, j'éprouve pour Raie mon Queue n'haut la plus vive estime* », déclarait Jean d'Ormesson dès le 4 février dans la revue *Arts*. Madeleine Chapsal confirma ce jugement le 12 février dans *L'Express* par « *c'est un chef-d'œuvre littéraire* ». On peut noter l'honnêteté de cette critique, les romans de Madeleine Chapsal étant aux antipodes de ceux de Queneau et surtout de *Zazie*...

Ce même 12 février, parut « *Zazie* ou la philosophie dans le métro » de Dionys Mascolo, dans *France-Observateur*. Pour lui, l'aboutissement des recherches de Queneau rendait à « *l'activité littéraire son bonheur dans une souveraine domination de tous les matériaux et de tous les moyens mis en œuvre* », une « *épopée comique en prose* » à la Fielding[1], voyant dans « *la Visitation* » de Mado Ptits-pieds à Marceline une peinture siennoise, « *l'extase* » du livre, décelant dans tout le roman, un art de l'écriture totale (« *poésie, roman et philosophie confondus* ») et un acte de résistance à la toute récente Ve République du général de Gaulle. Pascal Pia dans « Grands travaux de 'pataphysique » (*Carrefour*, février 1959) attestait que « *depuis son premier livre, M. Queneau n'a jamais cessé de pratiquer la 'pataphysique, s'affirmissant d'âge en âge dans cette discipline qui surmonte toutes les autres.* »

Le 21 février 1959, Jean Blanzat compara l'oncle Gabriel à Léopold Bloom, invoqua le chapitre XV d'*Ulysse* de Joyce[2], « *ce livre clef qui est à la source de* Zazie *à la fois pour l'esprit et pour les procédés* », leur trouva de nettes affinités entre leurs thèmes (une quête, une ville mythique, l'échec), leurs langages également

---

1. John Fielding (1707-1754), romancier anglais. Auteur de *Tom Jones, enfant trouvé* (1750). Son œuvre romanesque oscille entre la peinture de mœurs et la satire sociale.
2. *Ulysse* parut en 1922, et fait partie des romans préférés de Raymond Queneau, qu'il a lus en 1929, dans la traduction d'Auguste Morel.

éclectiques, leur goût de la parodie. Le 22 février 1959, dans *Le Progrès de Lyon*, Pierre David, un des premiers critiques de Queneau, vit dans le roman « *l'intrusion des* Pieds-Nickelés *dans l'étude des mœurs* » (or Queneau avait écrit en 1937 : « Tout dut commencer avec des journaux comme *L'Épatant* et leurs Pieds-Nickelés[1] ») et discerna aussi l'« ombre immense » de Fantômas dans la scène finale de l'escamotage.

Le 23 février 1959, le dossier n° 6 du Collège de 'Pataphysique rangea *Zazie dans le métro* dans la lignée de *L'Odyssée*, de l'*Histoire véritable* de Lucien[2], de *L'Énéide*, de *Pantagruel*, des *États et empire du Soleil* de Cyrano de Bergerac, de *Gulliver*, des *Aventures d'Arthur Gordon Pym*, d'*Ulysse* de Joyce, et de la navigation du Docteur Faustroll, assurant « le rôle clausulaire de Bosse-de-nage (lequel rythmait le récit de Jarry de son "ha ha") trouvant son symétrique dans le "*Tu causes, tu causes, c'est tout ce que tu sais faire*" du perroquet Laverdure ». Le 28 février, Albert-Marie Schmidt, futur membre fondateur de l'Oulipo, traitait de « *La fantaisie de verbe et du moi* » dans *Réforme*.

En mars, le romancier et essayiste Bernard Pingaud analyse le roman dans la très sérieuse revue *Esprit*. Quelques mois plus tard parut un article fondateur du sérieux de Queneau, *Zazie et la littérature*, de Roland Barthes, critique littéraire médiatisé et

---

1. *Les Pieds Nickelés* est une série de bande dessinée créée par Louis Forton et publiée pour la première fois le 4 juin 1908 dans la revue *L'Épatant*. L'histoire met en scène trois personnages principaux, *Croquignol*, *Filochard* et *Ribouldingue*, trois petits filous, à la fois escrocs, hâbleurs et indolents. L'expression « pieds nickelés » signifie « ceux qui ne sont pas portés sur le travail ». Queneau enfant était friand de cette bande dessinée.
2. L'*Histoire véritable* est un récit de voyage imaginaire écrit par le poète grec Lucien de Samosate, au IIe siècle. Lucien s'y met en scène voyageant au-delà des frontières du monde connu, dans une suite de péripéties fantaisistes. L'ouvrage parodie de nombreux auteurs antiques.

très écouté. Dans la revue *Critique* (août-septembre), il analyse ainsi le roman :

> « *Il assume le masque littéraire, mais en même temps il le montre du doigt.* [...] *Pour Queneau, le procès du langage est toujours ambigu, jamais clos, et* [...] *lui-même n'y est pas juge mais partie : il n'y a pas une bonne conscience de Queneau : il ne s'agit pas de faire la leçon à la littérature, mais de vivre avec elle en état d'insécurité.* »

Aux yeux de Barthes, la fameuse clausule « *mon cul !* » n'était là que pour « *dégonfler* » le langage, et pour lui :

> « *Zazie n'est en rien une petite fille* [...] *(et) circule dans le roman à la façon d'un génie ménager, sa fonction est hygiénique, contre-mythique, elle rappelle à l'ordre.* »

Dans « Raymond Queneau et le roman », article paru dans *Livres de France* en décembre 1960, dans la même livraison que les fragments d'une première version de *Zazie dans le métro*, Georges-Emmanuel Clancier[1] jugeait que :

> « *Zazie* [...] *nous enseigne la sagesse et le bonheur, ceux de l'intransigeance et de la pureté.* »

Et en décembre 1960, Armand Salacrou, havrais et ami d'enfance de Queneau, conclut ainsi sa présentation de Raymond Queneau :

> « *Puis enfin voici le coup de tonnerre de Zazie. Je laisse aux techniciens, aux sociologues, aux enquêteurs et aux cartomanciennes le soin de nous expliquer pourquoi le public de Zazie n'avait pas lu et n'a pas encore lu les précédents romans de Queneau qui sont aussi parfaitement réussis.* »

Mais tous ne furent pas aussi élogieux ! Parmi les premiers détracteurs, l'écrivain François Mauriac qui, dans sa rubrique *Bloc-*

---

1. Georges Emmanuel Clancier, écrivain français né en 1914. Originaire du Limousin, il a rencontré Queneau mobilisé à St-Léonard-de-Noblat (Haute-Vienne) en 1941.

note de *L'Express*, le 5 mars 1959, ne trouva dans le roman qu'une « *histoire idiote* » et la preuve d'« *un cynisme morne et rabâcheur* ». Mauriac étant un romancier de facture traditionnelle, soucieux d'une langue académique, on comprend aisément son antipathie pour ces écrits trop éloignés des siens. Le même jour, une lectrice de *France-Observateur* reprocha au journal d'avoir publié en avant-première les « *bonnes feuilles* » d'un « *pornographe jamais drôle* ». Dans *Aux écoutes du monde*, daté du 17 avril 1959, un Criticus réprouvait les « *galipettes d'un clown qui méprise son public autant que la langue, la grammaire et toute littérature* ». Robert Poulet, critique attitré du journal *Rivarol*, estimait, le 12 mars 1959, que « *dans son ensemble, l'ouvrage est raté* ». Puis, dans l'article « Faux snobs de l'ordurier » de *Carrefour* daté du 20 mai, il dénonçait « *le triomphe des gros mots* [et] *l'engouement de pseudo-intellectuels de corps de garde* ». Et il assénait : « *Tout le monde ne peut pas s'appeler Louis-Ferdinand Céline.* » Le 18 novembre, toujours dans *Carrefour*, Robert Poulet récidivait : « *Qu'on laisse les petites filles tranquilles* », car cette lecture le laissait « *au bord de toutes les abominations et de toutes les folies* », imaginant les « *conséquences atroces que pourrait produire une telle propension en réduisant le respect quasi naturel qui protège l'enfance* ».

Cette série d'articles laissa des traces et entretint des malentendus, confirmant la réputation d'écrivain comique de Queneau, observateur du langage et des habitudes langagières de ses contemporains. C'est ainsi que le « *Tu causes, tu causes, c'est tout ce que tu sais faire* », resta longtemps une répétition passe-partout stigmatisant les bavardages stériles... À cause de la fameuse clausule, on le qualifia également d'auteur grossier... Par ailleurs, l'article de Roland Barthes, indéniablement laudatif et judicieux, entretint à son tour une équivoque : Barthes, orienta son article sur « l'abstraction » du personnage de Zazie, et sur la dichotomie de la vérité et de l'apparence. Queneau fut alors considéré comme un pourfendeur de la littérature, et le roman, comme une lutte contre le roman traditionnel. Ce qui fit dire à Jean-Paul Sartre, en 1972 : « *Queneau écrivain n'a eu un grand public que par malentendu.* »

Et Queneau ? Comment a-t-il ressenti ce succès ? Il faut lire son journal :

> « *Le succès de Zazie a été un choc qu'il m'a été difficile de supporter. Je disais en ne disant pas, seulement pour les* happy few *je disais, et voilà que la foule s'écrie j'ai compris, même si c'est faux c'est impressionnant.* [...] *Je suis prisonnier du cocasse* » (*Journaux*, août 1959).

L'avenir du roman

On reconnaît, dans la règle des trois unités qu'observe le roman de Queneau, une des contraintes préoulipiennes. La théâtralité du texte, les personnages et les dialogues hauts en couleur en facilitèrent l'adaptation scénique dès le 28 novembre 1959 par Olivier Hussenot. Puis, en 1960, Louis Malle en fit un film éponyme, au rythme endiablé.

Dans son journal, en 1961, Raymond Queneau pense à une édition illustrée de son roman[1], Marceline serait « *la Joconde* », Gabriel, « *le Penseur* », Jeanne Lalochère, « *la Vénus de Botticelli* », le père de Zazie, « *Saturne* » de Goya, Zazie, un Henner et Laverdure, la « *gravure d'un Buffon* »... il faut remarquer que, pour Trouscaillon, Queneau n'a pas trouvé d'équivalences !

En 1975, Évelyne Levasseur, comédienne, écrit une adaptation théâtrale, pour sa compagnie *La libellule*, sous la forme d'un dialogue entre Queneau et Zazie. Elle enregistrera ensuite sa pièce sous cassette audio, Claude Piéplu reprenant le rôle de Queneau. L'idée d'Évelyne Levasseur fut « reprise » en 2000, à Avignon, au festival « off » par le metteur en scène Patrice Fay. Ce dernier donna à Queneau le rôle de l'observateur privilégié qui, examinant ses personnages, devenait mauvais génie redoutable dans

---

1. *Journaux 1914-1965*, 1996, p. 1035.

un constant va-et-vient entre les rôles qu'il s'attribuait et celui du démiurge.

Trois bandes dessinées ont paru chez Gallimard :
- en 1966, celle de Jacques Carelman qui a « raconté en images » le roman ; Zazie a alors l'allure de l'actrice de Louis Malle, Catherine Demongeot ; l'édition est épuisée ;
- en 1979, celle de Roger Blachon ;
- en 2008, celle de Clément Oubrerie qui, curieusement, féminise Marceline, tronquant ainsi le roman d'un thème fondamental.

II. Louis Malle

Catherine Terrematte

1. La biographie

Célèbre et ignoré

En 1959, lorsqu'il décide d'adapter *Zazie dans le métro*, Louis Malle est un jeune cinéaste de 27 ans, qui cependant s'est fait connaître dans le monde entier, et a, d'ores et déjà, révélé sa maîtrise et sa détermination.

Les années de formation

Louis Malle est né en 1932 dans une grande famille – Béghin-Say – d'industriels du sucre du nord de la France. Il a grandi entouré de ses six frères et sœurs. Alors que ses parents le destinent à une carrière dans l'entreprise familiale, il décide très tôt de faire du cinéma. Il entre à l'IDHEC (Institut des hautes études cinématographiques) en parallèle à Sciences Po, et, encore étudiant en cinéma, débute aux côtés de Jacques-Yves Cousteau en tant qu'assistant, puis coréalisateur du documentaire *Le Monde du silence*. Le film est récompensé par la palme d'or au festival de Cannes en 1956[1], puis par l'oscar du meilleur film documentaire en 1957. **Le jeune Louis Malle s'est fait un nom.** Vouant une grande admiration au cinéaste Robert Bresson, il travaille avec lui à la préparation et sur une partie du tournage d'*Un condamné à mort s'est échappé*.

---

1. Premier film documentaire à recevoir ce prix, il est encore le seul à ce jour avec *Fahrenheit 9/11* de Michaël Moore.

Louis Malle, précurseur de la nouvelle vague ?

Décidé à réaliser ses propres films, il rachète une société de production, *Les Nouvelles Éditions de Films*, qui assurera son indépendance. Il entreprend alors un premier film de fiction, dont il se veut l'auteur à part entière : *Ascenseur pour l'échafaud* (avec Maurice Ronet, Jeanne Moreau, Lino Ventura), qui remporte le prix Louis-Delluc en 1957. L'intrigue du roman policier de Noël Calef qu'adapte le jeune cinéaste est revisitée pour juxtaposer de manière audacieuse trois actions parallèles. De plus, passionné de jazz, Louis Malle innove en faisant improviser la musique par Miles Davis, directement à la vision du film. Cette musique de jazz accompagne l'errance nocturne de Jeanne Moreau, uniquement éclairée par les vitrines des Champs-Élysées[1].

Par sa construction, sa musique, sa photographie, ce premier film annonce bien des audaces de la nouvelle vague. Pourtant, le mouvement est traditionnellement daté de 1959, avec le succès retentissant des *Quatre Cents Coups* de François Truffaut, et associé à Jean-Luc Godard, Éric Rohmer, ou Claude Chabrol. Car si les collaborateurs des *Cahiers du cinéma* le saluent comme l'un des leurs, Louis Malle lui-même, qui n'a pas été critique de cinéma et n'appartient pas au groupe des *Cahiers*, se tient en marge de ses camarades, poursuivant son œuvre en parallèle[2]. Il n'en appartient pas moins à cette génération de jeunes artistes qui va s'imposer alors, et les expérimentations de ce cinéaste passionné, qu'on retrouve à l'œuvre, poussées à l'extrême, dans *Zazie*, doivent être replacées dans ce contexte plus large.

---

1. La ville de Paris, où Louis Malle habite depuis l'Occupation, jouera d'ailleurs un rôle essentiel dans ses cinq premiers films de fiction, dont bien sûr *Zazie* (cf. chapitre sur les lieux).
2. Le grand biographe de Louis Malle, Pierre Billard, a intitulé son ouvrage *Louis Malle, le rebelle solitaire* (Plon, 2003).

Première partie. Deux auteurs pour une œuvre

Le cinéma de Louis Malle et la littérature

Après *Ascenseur pour l'échafaud*, adapté en collaboration avec le romancier Roger Nimier, Louis Malle se lance dans une nouvelle adaptation cinématographique, celle du roman *Point de lendemain* de Vivant Denon, avec la romancière Louise de Vilmorin. Le film, sorti en 1958 et qui a pour titre *Les Amants* (toujours avec Jeanne Moreau), est un immense succès international[1], mais aussi un énorme scandale. *Zazie dans le métro* (1960) est donc son troisième film de fiction comme son troisième travail cinématographique sur une œuvre littéraire. Il y en aura bien d'autres : le cinéaste n'hésite pas à porter à l'écran une œuvre de Drieu La Rochelle, *Le Feu Follet* (1963)[2], ou travaille avec le romancier Patrick Modiano au scénario de *Lacombe Lucien* (1974). Son dernier film, *Vanya, 42ᵉ rue*, (1994) est tiré d'*Oncle Vania*• d'Anton Tchekhov.

Des films dérangeants

Le choix des œuvres adaptées comme le travail de réécriture qu'elles suscitent montre que *la modernité de* **Louis Malle se situe** *tant dans sa démarche esthétique que scénaristique.* Il ne cesse de choquer, mais ce qui dérange dans ses films, qui déclenchent presque invariablement le scandale, tient d'abord aux thèmes abordés. **Lui-même issu de la grande bourgeoisie, Louis Malle dénonce l'hypocrisie de ce milieu dans nombre de ses films.** Il traite aussi de sujets brûlants comme l'érotisme libertaire des *Amants*, l'envers du rêve mis à nu dans *Vie privée* (avec Brigitte Bardot, 1961), l'autodestruction dans *Le Feu follet*, l'anarchisme dans *Le Voleur* (1966), l'inceste dans le *Souffle au cœur* (1971). Avec *Lacombe Lucien* (1974), Louis Malle tente

---

1. Prix spécial du jury à la Mostra de Venise.
2. Ce film est à son tour récompensé à la Mostra de Venise, par le prix spécial du jury.

d'explorer de l'intérieur, sans jugement apparent, l'engagement d'un jeune paysan dans la milice pendant l'Occupation. Le film provoque une violente controverse, qui entraîne le départ du cinéaste aux États-Unis.

Là, il peut poursuivre son œuvre comme il l'entend, se frottant de nouveau à un sujet délicat, en abordant la prostitution infantile dans *La Petite* (1978), avec la jeune Brooke Shields. Durant sa période américaine (qui durera quelque dix ans), il réalise entre autres *Atlantic City* (1980, Lion d'or à la Mostra de Venise), avec Burt Lancaster, Susan Sarandon et Michel Piccoli, ou *Alamo Bay*, (1985) avec Ed Harris.

Une œuvre éclectique

Sa carrière, qui s'accomplit ainsi pour une part outre-Atlantique, a en outre ceci de déconcertant qu'elle **oscille entre modernité et classicisme**. De fait, si on observe la filmographie de Louis Malle, on ne manque pas d'être dérouté. D'une œuvre à l'autre, il surprend en changeant de ton comme de genre. Tenu pour un jeune cinéaste exigeant par les artistes de sa génération, il a pu diriger des stars dans des films coûteux mais aux sujets moins ambitieux ou à l'écriture plus convenue : Brigitte Bardot et Jeanne Moreau dans *Viva Maria* (1965), Jean-Paul Belmondo dans *Le Voleur* (1967). Par ailleurs, il a exploré plusieurs genres : après *Ascenseur pour l'échafaud,* qui tient du film policier et plus particulièrement du film noir, il a réalisé une majorité de drames (*Au revoir les enfants,* ou le film franco-anglais *Damage – Fatale,* dans la version française –, avec Juliette Binoche et Jeremy Irons en 1992, pour ne citer que ses derniers films), à côté de comédies (outre *Zazie dans le métro,* citons par exemple *Milou en mai,* réalisé en 1989 avec Michel Piccoli et Miou-Miou) ; mais il s'est également essayé au film fantastique (*Black Moon,* 1974), ou, aux États-Unis, à des spécialités américaines comme le film de gangster (*Atlantic City*). De plus, si la plupart de ses films, à l'instar de *Zazie*, sont ancrés dans le présent, il a pu aussi bien réaliser des films en costumes (*Viva Maria, Le Voleur, La Petite*...). Cet éclectisme et ce renouvellement permanent rendent difficile toute tentative de classification.

La variété de l'œuvre de Louis Malle tient plus encore à une autre particularité de son cinéma : il a sans cesse fait alterner et même entremêlé le cinéma de fiction et le documentaire. Son travail de près de trois ans à bord de la Calypso (dont plusieurs mois de tournage dans les fonds marins) préfigure une démarche qu'il ne cessera d'approfondir. Sa filmographie est ainsi jalonnée de nombreux documentaires. Un long voyage en Inde en 1968 aboutit au film *Calcutta* (1969), ainsi qu'à une série de sept émissions pour la télévision intitulée *L'Inde fantôme*. Puis, il signe deux documentaires quasi engagés : *Humain, trop humain* (1972), *Place de la République* (1974), et plus tard, aux États-Unis, deux documentaires très ancrés dans la réalité américaine : *God's Country* (1986) et *And the Pursuit of Happiness* (1987)[1]. Le rapport entre fiction et documentaire est chez Louis Malle plus étroit qu'on ne pourrait le croire, comme le montre sa dernière œuvre, *Vanya 42e rue*, à la croisée entre les deux.

Une production si variée n'en présente pas moins des constantes. Le premier film de Louis Malle, *Ascenseur pour l'échafaud*, renferme déjà des préoccupations qui hanteront toute son œuvre et en assurent la cohérence : le pouvoir destructeur de la

---

1. Pierre Billard, dans un article pour la Cinémathèque française, « Louis Malle et le documentaire », fournit une analyse de la démarche du cinéaste :
« *Le fossé creusé entre cinéma documentaire et cinéma de fiction est souvent artificiel. Parce que la fiction n'est généralement qu'une version "réfléchie" (dans tous les sens du terme) du réel. Parce que le réel, passé au filtre de la caméra, se trouve détroussé de ses attributs essentiels (durée, continuité, inéluctabilité) pour n'être plus qu'un écho "réfléchi" de ce qui le constitue. Le problème de la relation "cinéma de fiction – cinéma documentaire" n'est jamais qu'un épisode du grand problème fondamental : celui du rapport entre image et réel.* »

passion charnelle, des êtres prisonniers de leur destin, mais aussi des thèmes qu'on retrouve dans *Zazie*, comme la critique de l'hypocrisie bourgeoise, le monde des adultes vu par une jeunesse à l'innocence dangereuse, ou encore un arrière-plan politique dans lequel évoluent les protagonistes.

Le parcours singulier de Louis Malle, malgré sa cohérence, a plus entraîné d'incompréhension que de reconnaissance. Le cinéaste ne connaît la consécration que tardivement, avec *Au revoir les enfants*, réalisé à son retour en France en 1987 : le film est salué tant par la critique que par le grand public et remporte le Lion d'or à Venise, le prix Louis-Delluc, ainsi qu'une moisson de Césars. Mais le succès de cette œuvre, en partie autobiographique, n'a pas pour autant permis de redécouvrir un cinéaste qui reste méconnu, à l'instar de son dernier film, *Vanya, 42e rue* (1994), et dont l'œuvre est interrompue par sa disparition en 1995, à l'âge de soixante-trois ans.

2. L'adaptation de *Zazie dans le métro*

La genèse de l'œuvre

L'intérêt de Louis Malle pour la littérature contemporaine l'amène à choisir d'adapter *Zazie dans le métro* en 1959, quelques mois seulement après la sortie du roman de Raymond Queneau. Les droits du livre appartiennent déjà à un producteur qui souhaite confier son projet d'adaptation au cinéaste René Clément. Après plusieurs tractations et désistements, Louis Malle parvient à racheter les droits, avec sa propre compagnie de production, *Les Nouvelles Éditions de Films*, grâce à laquelle il peut travailler en toute indépendance.

Mais quand il annonce son projet de tourner *Zazie*, beaucoup jugent l'entreprise infaisable, **considérant que le roman est inadaptable**. Cette gageure intéresse d'autant plus le cinéaste, qui va chercher à transposer le travail de Queneau sur

Première partie. Deux auteurs pour une œuvre

la langue et les mots en un jeu sur l'image et les codes du langage cinématographique.

> « Je trouvais que le pari qui consistait à adapter Zazie à l'écran me donnerait l'occasion d'explorer le langage cinématographique[1]. »

Avec son ami Jean-Paul Rappeneau[2], Louis Malle élabore le scénario et s'amuse à créer bon nombre de gags visuels. Il ne cessera par la suite d'en inventer de nouveaux en cours de tournage. Par ailleurs, le tournage rassemble une distribution d'une grande variété, composée de gens du cabaret, du music-hall, des variétés : Jacques Dufilho, Hubert Deschamps, Annie Fratellini, Vittorio Caprioli et Philippe Noiret, qui doit autant à sa formation classique au TNP de Jean Vilar qu'à son expérience dans les spectacles de cabaret avec Jean-Pierre Darras, et à qui Louis Malle confie son premier véritable rôle au cinéma (après *La Pointe courte* d'Agnès Varda). La fabrication du film va requérir huit mois de travail, mais se déroule dans l'effervescence et l'allégresse, portée par l'énergie collective de l'équipe réunie autour du cinéaste.

Car l'adaptation qu'entreprend ce jeune réalisateur, qui n'en est qu'à son troisième film de fiction, est avant tout conçue comme une expérimentation :

> « Une des premières œuvres de Queneau était intitulée *Exercices de style*... voilà ce que c'était pour moi, un exercice de style pour approfondir ma connaissance de ce mode d'expression[3]. »

Le contexte de la « nouvelle vague »

En ce sens la démarche de Louis Malle, même s'il ne se réclame pas explicitement de la nouvelle vague, témoigne des ambitions

---

1. In *Conversations avec... Louis Malle*, Philip French, Denoël, 1993, p. 42.
2. Futur réalisateur de *La Vie de château*, des *Mariés de l'An II*, de *Cyrano de Bergerac*, du *Hussard sur le toit*, ou plus récemment de *Bon Voyage*.
3. In *Conversations avec... Louis Malle*, op. cit., p. 44.

et des recherches d'une génération de cinéastes qui entend renouveler le septième art.

Lorsque *Zazie dans le métro* sort en salles, en octobre 1960, il y a à peine plus d'un an que le monde cinématographique a été ébranlé par le succès, au Festival de Cannes 1959, de deux premiers films : *Les Quatre Cents Coups*, de **François Truffaut** et *Hiroshima mon amour*, d'**Alain Resnais**. L'année 1960 est dominée à la fois par la confirmation de l'originalité et du talent des auteurs de la nouvelle vague et par une lutte acharnée entre celle-ci, qui connaît ses premiers revers, et les continuateurs d'un cinéma plus traditionnel tels Jean Delannoy ou Claude Autant-Lara.

Le film de l'année, second manifeste de la nouvelle vague, est *À bout de souffle*, de Jean-Luc Godard, qui bouleverse à sa manière toutes les règles du langage cinématographique... précédé sur bien des points par l'auteur d'*Ascenseur sur l'échafaud*[1].

Un tel contexte cinématographique, dans lequel éclosent des œuvres novatrices et radicales, permet de mieux comprendre la réalisation de *Zazie dans le métro*.

L'originalité de l'œuvre

Zazie dans le métro est une démonstration sans pareille de l'énergie débordante déployée par Louis Malle, et de la liberté créatrice qu'il s'octroie (voir partie IV, 2).

> « Ce qui m'avait passionné dans *Zazie dans le métro*, c'était cette critique interne de la littérature et du langage. J'ai tenté à mon tour de fonder mon film sur une autocritique, celle du langage cinématographique, avec l'idée de raconter un faux récit. Au comique de langage littéraire, j'ai donc essayé de substituer un comique de langage cinématographique » (*Avant-Scène cinéma* n° 104, 1er juin 1970).

Pour autant, il ne faudrait pas conclure à la vacuité de cette fantaisie visuelle.

---

1. Cf. la mise au point de Pierre Billard, *op. cit.*, p. 163.

> « Je crois que j'ai trouvé, avec Zazie, ce qui a certainement été le thème central de films comme Lacombe Lucien, Le Souffle au cœur, Au revoir les enfants et sans aucun doute La Petite, des films centrés autour d'un enfant ou d'un adolescent, qui découvre l'hypocrisie et la corruption du monde des adultes », déclare Louis Malle, poursuivant : « Dans un sens, ce film que j'ai tiré d'un livre et que je considérais comme un exercice, s'est révélé être incroyablement personnel[1]. »

Déjà, avant même le lancement du tournage, un avertissement destiné à tous les collaborateurs du film définit ainsi l'orientation générale du travail de Louis Malle : « *Le comique (espéré) de ce film joue sur une mise en cause systématique du réel.* »

3. La réception du film

Les limites de l'expérience

Néanmoins, à la sortie du film, le critique André S. Labarthe constate ainsi l'échec de Louis Malle :

> « Cette fidélité à la lettre de l'intrigue – car malgré les trahisons nécessaires que nous pourrions relever, il s'agit d'une fidélité à la lettre – ne pouvait pas résoudre le problème de cette critique du langage que Malle affirme avoir été son but essentiel. Zazie est donc aussi un film expérimental. Malle se livre à l'exploitation systématique de toutes les ressources que le cinéma en tant que technique mettait à sa disposition. Il joue de tous les trucs du burlesque, de toutes les techniques, de tous les trucages […] Seulement voilà : tous ces trucages, toutes ces techniques, tous ces trucs, qui désintègrent le réel à la façon d'une grenade, ne contreviennent jamais à la loi de réalité qui régit le cinéma. Cela n'est évidemment pas un reproche, mais donne la mesure de l'ambition de l'auteur. Désintégrer le réel, c'est le reconnaître, c'est lui délivrer et lui retirer en même temps son certificat d'existence. Louis Malle se trouvait donc acculé à une contradiction qui tenait à la nature même de l'art du cinéma[2]. »

---

1. *Ibid.*, p. 44, 45.
2. In *Les Cahiers du cinéma,* n° 114, spécial Bertolt Brecht, 1960.

Si l'adaptation de Louis Malle n'est pas complètement convaincante, c'est peut-être parce qu'**on ne parvient pas à voir ce film autrement que comme un laboratoire**, dont les expériences ne sont d'ailleurs pas toujours réussies. Et Louis Malle le reconnaît lui-même, analysant son film *a posteriori* :

> « *Zazie nous a donné du fil à retordre parce qu'on cherchait constamment des équivalences à ce que Queneau avait fait avec la littérature. J'ai même été si loin dans ce sens qu'il y a beaucoup de choses dans* Zazie *qu'on remarque à peine*[1]. »

Le spectateur est pris dans une sorte de tourbillon visuel et sonore dont il ne parvient qu'irrégulièrement à retracer les contours :

> « *dans sa forme,* Zazie *va très loin. J'y suis allé un peu fort! Le dernier tiers du film n'est pas à la hauteur du reste, parce qu'au bout d'un certain temps la machine s'emballe*[2]. »

De fait, dès la sortie du film, la presse salue la difficulté et l'ambition de l'entreprise, l'originalité des solutions imaginées, mais souligne aussi l'excès des effets.

Un public déconcerté

Zazie dans le métro sort en salles le 28 octobre 1960, le succès n'est pas vraiment au rendez-vous. Le film décontenance les spectateurs.

> « *J'avais eu de très bonnes critiques. Sa sortie avait fait beaucoup de bruit ; la première semaine, nous avons battu tous les records d'entrées. Et puis, pratiquement plus rien. Le public était déconcerté et ne savait comment réagir*[3]. »

Zazie n'est pas exactement un film pour enfants, et les adultes ne se précipitent pas pour le voir (à peine 850 000 spectateurs,

---

1. *Conversations avec… Louis Malle, op. cit.*, p. 42-43.
2. *Ibid.* p. 45.
3. *Ibid.* p. 46.

Première partie. Deux auteurs pour une œuvre

soit moins que la moitié de la fréquentation du premier film de Malle, *Ascenseur pour l'échafaud*).

Cependant, Eugène Ionesco, mais aussi François Truffaut, ou encore Charlie Chaplin sont enthousiastes. Raymond Queneau lui-même, qui, bien que familier du monde du cinéma auquel il a collaboré à plusieurs reprises, n'a pas participé à l'adaptation de son roman, se déclare enchanté à la projection du film :

> « Le roman et le cinéma, ça fait deux comme chacun sait, et on le sait même si bien que pour beaucoup de représentants de la première activité nommée, le passage de l'un à l'autre est non seulement impossible mais de plus en plus sacrilège. [...] Entre les deux, il est difficile de faire quelque chose de personnel ; c'est pourtant ce que me semble avoir réussi Louis Malle. »

Le cinéaste a d'ailleurs toujours donné à ce film une place majeure dans son œuvre :

> « Bien que ce soit un film unique dans mon œuvre parce que je n'ai pas tenté de renouveler les expériences limites de Zazie, je pense qu'il m'a été très utile et c'est un film qui me tient à cœur. Il avait quelque chose de si hardi, de si impétueux, de si jeune, et c'est toujours, je crois, un film très stimulant à regarder[1]. »

4. La fiche technique du film

- France/Italie
- Scénario : Louis Malle et Jean-Paul Rappeneau, d'après Raymond Queneau.
- Images : Henri Raichi
- Opérateur : Jean Charvein
- Photographe de plateau : Jean-Louis Castelli
- Direction artistique : Bernard Evein
- Conseiller artistique : William Klein
- Son : André Hervée

---

1. *Ibid.* p. 47.

- Musique : André Pontin et Fiorenzo Carpi
- Montage : Kenout Peltier
- Script-girl : Sylvette Baudrot
- Format : Pellicule 35 mm, Couleurs – Eastmancolor
- Durée : 92 minutes
- Date de sortie : 28 octobre 1960
- Interprétation : Catherine Demongeot (Zazie), Philippe Noiret (Gabriel), Antoine Roblot (Charles), Vittorio Caprioli (Pedro Surplus/Trouscaillon) Yvonne Clech (la veuve Mouaque), Jacques Dufilho (Ferdinand Gridoux), Hubert Deschamps (Turandot), Annie Fratellini (Mado petits pieds), Carla Marlier (Albertine/Albert), Nicolas Bataille (Fédor Balanovitch), Odette Picquet (Jeanne Lalochère)

Deuxième partie

L'œuvre en examen

I. Pour entrer dans les récits

Stéphane Vial

1. Une comparaison tabulaire entre le roman et le film

Ce tableau vise à tisser une comparaison entre les éléments fictionnels du roman et ceux de sa transposition filmique, en dégageant de manière non exhaustive :
1. **Dans la colonne « film » :**
   - les **ajouts** (notés [A]) : éléments inventés dans la transposition ;
2. **Dans la colonne « roman » :**
   - les **modifications** (notées [M]) : éléments fictionnels présents dans le roman mais transformés, déplacés dans la transposition ;
   - les **suppressions** (notées [S]) : éléments fictionnels du roman qui ont été supprimés dans la transposition.

D'une manière conventionnelle **une séquence filmique (notée « séq. »)** est « une unité d'action, un fragment du film qui raconte en plusieurs plans une suite d'événements isolable dans la construction narrative[1] ». Le découpage séquentiel proposé ci-dessous[2] s'appuie sur le découpage technique après montage « officiel[3] ». On notera que le « lieu » mentionné dans

---

1. M.-T. Journot, *Le Vocabulaire du cinéma*, Armand Colin, 2004.
2. Numérotation des séquences et « lieu ». Le minutage a été réalisé par nos soins.
3. Publié dans le numéro 104 de la revue *Avant-Scène cinéma*.

la seconde colonne correspond au lieu principal de la séquence. Les changements ne sont donc pas indiqués.

Dans le présent ouvrage, les différentes parties qui traitent de la transposition filmique renverront souvent à la numérotation proposée.

FILM				ROMAN
Séq.	Lieu	Durée	Résumé	
1	Quai gare de Lyon	2'16''	Gabriel attend sa sœur (Jeanne Lalochère) et sa nièce, Zazie. Le train arrive en gare dans un grand jet de vapeur. Jeanne descend du train, court et se jette dans les bras de son amant; Zazie et Gabriel font connaissance.	**Le chapitre 1 est transposé par les séquences 1 à 3** À la gare d'Austerlitz [M], Gabriel se plaint des odeurs corporelles de ses voisins alors qu'une femme lui reproche la puanteur de son parfum. Une altercation débute entre un « ptit type » et lui. [S]. Le train qu'il attend arrive en gare, amenant sa sœur Jeanne (venue pour voir son amant) et sa nièce, Zazie, qui lui est confiée. « La mouflette » veut prendre le métro mais son oncle lui apprend qu'il y a une grève. Ils prennent le taxi de Charles, un ami de Gabriel. Après avoir roulé, ces derniers montrent à Zazie des monuments dont l'identité devient source de conflit. Ils s'arrêtent prendre « l'apéro » au « tabac du coin ». [S]
2	Gare de Lyon – extérieur jour	1'39''	Zazie demande à prendre le métro. Gabriel lui signifie qu'ils prendront « le tac à Charles », un ami, qui les attend. Zazie s'enfuit vers une bouche de métro et constate que les portes sont fermées pour cause de grève [A]. Déçue et excédée, elle est poussée à l'arrière du taxi.	
3	Taxi – extérieurs divers	2'28''	Charles conduit Gabriel et Zazie dans Paris. Ils passent à plusieurs reprises devant un bâtiment dont l'identité fait naître une controverse entre les deux amis.	

Deuxième partie. L'œuvre en examen

4	Bistrot Turandot – fin jour	1'23''	Turandot, Mado p'tits pieds, aidés d'ouvriers, rangent des bouteilles. Le bistrot est en réfection [A]. Gabriel, Charles et Zazie arrivent en taxi et entrent. Présentée aux autres, Zazie débite des insanités avant de rejoindre le premier étage ; offusqué, Turandot crache sa colère.	**Le chapitre 2 est transposé par les séquences 4 à 7** Ils arrivent à « la maison » de Gabriel, qui se situe au-dessus du « café-restaurant La Cave », tenu par Turandot, le propriétaire, aidé d'une serveuse, Mado Ptits-pieds, qui courtise Charles. Turandot se plaint des possibles manières inconvenantes de Zazie. [M] (par bienséance, la teneur des propos de Turandot sont difficilement audibles dans le film). Dans l'appartement, à l'heure du dîner servi par « la douce » Marceline [M] (nommée Albertine dans le film, le personnage est incarné par une femme, ce qui supprime toute ambiguïté quant au sexe véritable de ce dernier[1]), Zazie évoque les métiers qu'elle aimerait embrasser (institutrice ou astronaute). Elle est sommée d'aller se coucher. Gabriel en profite pour faire « sa manucure » en manifestant son inquiétude de voir la « mouflette » perturber la durée de son sommeil (car il travaille de nuit et commence à onze heures). Turandot arrive et se plaint de la présence de Zazie. Gabriel réplique bruyamment, ce qui la réveille. Il doit partir travailler mais il manque d'oublier son rouge à lèvres.
5	Place Pigalle – extérieur nuit	2''	Trois plans d'enseignes et de néons « qui illuminent par intermittence la nuit avec des couleurs très changeantes ». [A]	
6	Appartement Gabriel – intérieur nuit	5'05''	Albertine apporte les différents « plats » du repas que prennent Gabriel et Zazie en discutant. Zazie va se coucher. Turandot survient et se plaint de la présence de Zazie. Le brouhaha causé par la dispute réveille celle-ci. Gabriel s'habille pour sortir.	
7	Escalier	20''	Albertine rappelle Gabriel pour l'informer qu'il a oublié... son rouge à lèvres.	

---

1. En effet, au dernier chapitre, Jeanne Lalochère la (/le ?) reconnaîtra et le nommera « Marcel » !

8	Appartement Gabriel – intérieur jour	1'14''	Le lendemain matin, dans les « vécés », Zazie entend le bruit du métro. [A] Constatant que son oncle dort encore, elle s'habille et sort de l'appartement.	**Le chapitre 3 est transposé par les séquences 8 à 16 et 19** Le lendemain matin, Zazie fait une rapide toilette, explore l'appartement « oscur et muet » avant de sortir. Dans la rue, elle est appelée par Turandot qui la poursuit et la rattrape. Elle crie au secours, ce qui attire « ménagères » et « citoyens ». Zazie accuse Turandot de lui avoir dit « des choses sales », provoquant colère et commentaires prolixes chez ces « moralistes sévères ». Profitant de la situation, Turandot s'évade, rejoint son bistrot et apprend la fuite de Zazie à Marceline et Gabriel. La peur qu'il a éprouvée l'amène à évoquer les bombardements durant la guerre. Gabriel, quant à lui, évoque les difficultés liées à son métier de nuit. [M] (cf. séq 16 et 19) Turandot et Marceline le poussent à poursuivre Zazie. Il s'y résout, sans avoir eu le temps d'épiler son menton. [S] (suppression qui, une nouvelle fois, enlève toute ambiguïté au personnage de Gabriel). Dans la rue, Gridoux dit avoir des informations sur la destination de Zazie mais il ne sait que ce que sait déjà Gabriel : elle a fugué [S].
9	Escalier	8''	Zazie entend chanter Mado p'tits pieds. [A]	
10	Bistrot Turandot – petit matin	27''	Des ouvriers fixent des panneaux de formica jaune aux murs pendant que Mado p'tits pieds essuie un mur et que Turandot range des bouteilles sous le comptoir. [A] Zazie en profite pour s'échapper.	
11	Cour extérieure bistrot – jour	50''	Zazie monte les marches qui donnent accès au trottoir. Turandot la suit, l'interpelle et lui demande de revenir. Ne l'écoutant pas, Zazie continue son chemin. Turandot la poursuit.	
12	Passage du Caire – jour	22''	Course-poursuite entre Zazie et Turandot dans un passage couvert.	
13	Rue – extérieur jour	1'42''	Zazie arrive près d'une clôture derrière laquelle une équipe de l'Armée du Salut [A] joue de la musique. Turandot rattrape Zazie qui se met à hurler. Un groupe de badauds s'agglutine autour d'eux. Zazie insinue que Turandot lui aurait fait des propositions déplacées. La foule s'insurge. Turandot et Zazie en profitent pour fuir chacun de leur côté.	
14	Bistrot Turandot – jour	26''	Revenu à son bistrot, Turandot éprouvé par ce qu'il vient de vivre, engloutit plusieurs verres puis se rue à l'étage.	
15	Appartement Gabriel	15''	Turandot réveille Gabriel et l'informe que « lagossamilébout ».	
16	Rue Bistrot Turandot – jour	33''	Gabriel, en pyjama [A], et Turandot sortent. Ils en viennent à évoquer les bombardements durant la guerre. Ils sont rejoints par Gridoux, le cordonnier et s'assoient tous sur un banc.	

Deuxième partie. L'œuvre en examen

17	Bouche de métro – jour	14''	Zazie se dirige vers l'entrée d'une station de métro (toujours en grève) et tente, sans succès, d'en ouvrir les portes.	**Le chapitre 4 est transposé par les séquences 17, 18 et 20 à 22** Zazie « s'éclips[e] », laissant « les concitoyens et commères ». Elle déambule dans les rues pour arriver à une bouche de métro, fermée, ce qui la fait pleurer. « Un type », qu'elle pense être un « satyre » apparaît et tente de la consoler en l'interrogeant. Après lui avoir offert un « cacocalo » [S], il lui achète des « bloudjjinnes » dans un surplus américain de la foire aux puces. Ils se rendent ensuite dans un « café-restaurant » où Zazie dévore des moules-frites. Pendant que « le type » sirote son verre, elle entreprend de lui raconter le meurtre de son père alcoolique par sa mère.
18	Extérieurs Paris – jour	1'01''	Zazie s'éloigne de la bouche de métro en pleurant très bruyamment. Un homme s'approche d'elle. Il s'enquiert des raisons de sa tristesse et tente de la consoler.	
19	Rue Bistrot Turandot – jour	14''	Gabriel, Turandot et Gridoux continuent d'évoquer leurs vies durant l'occupation allemande.	
20	Marché aux puces – jour	1'36''	Zazie et Pedro déambulent dans les allées des brocanteurs en discutant de ce qui est proposé à la vente… et notamment des « bloudjinnzes ». Ils s'arrêtent devant l'étal d'un marchand qui en vend.	
21	Restaurant des puces – jour	2'03''	Zazie et Pedro s'attablent. Zazie commande des frites qu'elle engloutit, puis des moules. Elle commence ensuite à conter le fait divers tragique qui a frappé sa famille.	
22	Une chambre au bout d'un couloir – jour	19''	Flash-back (?) de Zazie. Un homme de dos, assis se fait importuner par une mouche et l'écrase. [A]	

23	Restaurant des puces – jour	1'16"	Zazie poursuit son récit en dévorant ses moules et en tâchant les vêtements de Pedro. Puis, sans crier gare, Zazie se saisit des « bloudjinnzes » et s'enfuit.	Le chapitre 5 est transposé par les séquences 23 à 25 et une partie de la séquence 26 Zazie continue son récit en évoquant les « papouilles zozées » que lui a fait subir son père ainsi que les tentatives avortées de son beau-père [S]. En revanche, sa mère lui a signifié qu'avec son oncle, elle n'avait « rien à craindre » [S] (nouvelle levée d'équivoque dans le film). Tout à coup, Zazie « s'empare du paquet et se carapate ». Le type la rattrape et l'accuse de vol auprès de la foule qui les entoure. Zazie réalise qu'il s'agit d'« un vrai flic » qui se fait passer pour « un faux satyre » [S]. Toutefois, à l'appartement de Gabriel et Marceline, il dit s'appeler « Pedro surplus » et n'être qu'« un pauvre marchand forain ». Il accuse ensuite Gabriel de proxénétisme et lui demande son métier de façade. Celui-ci lui répond : « danseuse de charme » [M]
24	Marché aux puces – jour	5'01"	Zazie et Pedro se livre à une folle course-poursuite qui les amènent dans de nombreux lieux[1]. [A] Les gags se multiplient.	
25	Rue de Paris – jour	56"	Zazie arrive dans la même rue [A] qu'à la séquence 13, occupée par les mêmes personnes. Elle réitère ses accusations de harcèlement sexuel mais Pedro retourne la situation en l'accusant de vol. Il lui demande de le conduire chez ses parents.	
26	Appartement Gabriel – Jour	2'43"	Présenté comme un flic, Pedro-Surplus se livre à un interrogatoire et accuse Gabriel de « prossénétisme ». Il avoue que son métier est « danseuse espagnole ». Il est alors accusé d'« hormossessualité ». Par ailleurs, Pedro, fasciné par Albertine, entreprend ouvertement de la séduire [A]. Gabriel se saisit de Pedro et le jette par la fenêtre.	

---

1. On compte 21 lieux différents.

| 27 | Terrasse Bistrot Turandot – Jour | 4'22'' | (1) Pedro atterrit sur une chaise, devant une des tables du bistrot où lui est servi un repas. [A] (2) Charles arrive, Gabriel lui rappelle qu'ils doivent déjeuner ensemble. (3) « Vint-trois minutes plus tard », Mado apporte son repas à Gridoux. Celui-ci s'enquiert des faits et gestes de Pedro. (4) Mado monologue sur les qualités de Charles. (5) Pedro engage la conversation avec Gridoux. Il est notamment question des orientations sexuelles de Gabriel et de la perte d'identité de Pedro. (6) Zazie, Gabriel et Charles partent en taxi. | **Le chapitre 6 est transposé par une partie des séquences 26 et 27.** Pedro-surplus taxe Gabriel de « pédale » [S], ce qu'il nie farouchement. S'il se déguise en femme « dans une boîte de tantes », [S] c'est simplement « pour faire marrer le monde ». De plus, il est marié. Derrière la porte, Zazie tente de capter la conversation. Un mot retient son attention : « homosexuel ». Elle pénètre dans la pièce, vêtue des blues-jeans, et incite son oncle à être plus virulent envers « le type ». Celui-ci se met à questionner Marceline, provoquant la colère de Gabriel, qui le jette dans les escaliers [M]. Arrivé dans le bar de Turandot, Pedro-surplus rajuste son déguisement [S]. Ignorant sa présence, Gabriel commence à évoquer sa mésaventure. Il s'évanouit lorsqu'il constate que le type s'est assis au fond du bar. Il s'ensuit une discussion sur son enrôlement au STO durant la guerre [S].

Le chapitre 7 est transposé par une partie de la séquence 27. Comme tous les jours, Mado apporte à Gridoux son déjeuner. Ce dernier en profite pour la questionner sur les agissements du « type ». Mado lui énonce ensuite les qualités de Charles [M] (cf. séq. 47 (4)). Une fois seul, Gridoux est approché par « le type » qui lui demande un lacet de soulier. Ils abordent alors plusieurs sujets de conversation : le métier du type (« flic ou satyre »), celui de Gabriel et de son homosexualité supposée (« le tonton est une tata[1] », un danseur « déguisé en Sévillane » « dans une boîte de pédales ») [S]. Pedro-surplus affirme ensuite n'avoir voulu que « reconduire une enfant perdue à ses parents » et, ce faisant, s'être perdu lui-même. Il prétend en effet ne plus rien connaître de lui (nom, âge et métier). Voyant un taxi « ayant à bord Gabriel et Zazie », il quitte les lieux. |

---

1. Suppression partielle dans le film : « le tonton est une… »

28	Place de la Concorde	12"	Plan large d'un immense embouteillage.	
29	Tour Eiffel – Jour	8'02"	(1) Dans l'ascenseur [A] qui conduit Zazie, Gabriel et Charles en haut de la tour Eiffel, un groupe de touristes de toutes les nationalités parlent très fort en différentes langues. (2) Zazie, Gabriel et Charles observent le panorama de Paris. (3) Gabriel monologue sur la précarité de l'existence pendant que Charles et Zazie redescendent par un escalier en vis. (4) Outré par les propos de Zazie, Gabriel s'enfuit à bord de son taxi.	**Le chapitre 8 est transposé par la séquence 29.** En haut de la tour Eiffel, Gabriel et Charles montrent le panorama parisien à Zazie en chicanant, une nouvelle fois, sur l'identité des monuments observés. Pris de vertiges, Gabriel redescend. Zazie interroge alors Charles sur son « hormosessualité », sur sa relation aux femmes. Les questions de la « mouflette » l'embarrassent. Redescendu, il rejoint Gabriel qui évoque la forme phallique de la tour. C'en est trop, cette dernière allusion à la « sessualité » le fait fuir à bord de son taxi. Gabriel déclame une longue tirade sur la fragilité de la vie [M]. Son discours attire des voyageurs qui le prennent pour « un guide complémentaire ». Descendue à son tour, Zazie s'étonne de l'absence de Charles. « C'est alors que Fédor Balanovicth » (le véritable guide des touristes) « f[a]it son apparition ». En copain, il reconnaît en Gabriel, « Gabriella », celle qui danse « La Mort du Cygne en tutu » [S]. Fédor accepte de raccompagner Gabriel et Zazie mais pas avant d'être passé par la Sainte-Chapelle. [M]

Deuxième partie. L'œuvre en examen

| 30 | Rue de Paris – Jour | 5'02 | 1) Gabriel porte Zazie dans ses bras, au milieu d'un monstrueux embouteillage. Zazie harcèle son oncle de questions sur son éventuelle « hormossessualité ». 2) La Veuve Mouaque intervient dans la discussion puis les suit le long des berges de la Seine [A]. 3) Gabriel se fait kidnapper par les touristes norvégiennes du bus de Fédor, qui arrive à leur hauteur. 4) Trouscaillon rejoint Zazie et la veuve. Ils partent à la poursuite du Cityrama à bord de la voiture de Mouaque. Trouscaillon joue du sifflet pour se frayer un chemin dans les embouteillages. | **Le chapitre 9 est partiellement transposé par la séquence 30.** Dans le bus de Fédor, en direction de la Sainte-Chapelle, Gabriel subit les pincements de Zazie, mécontente d'avoir été embarquée de force. [M] (cf. séq. 30 (1)) Elle le menace de révéler son homosexualité s'ils ne descendent pas. Ils parviennent à échapper à l'attention des touristes mais Zazie continue de harceler son oncle par ses questions et ses pincements. Apparaît alors « une bourgeoise » aux conceptions éducatives arrêtées. Selon elle « y a pas de doute », Gabriel est un « hormosessuel ». La discussion se prolonge et des voyageurs, sortis d'un taxi [M], kidnappent Gabriel. « Un flicard alerté par les bêlements de la rombière » intervient. Bien qu'il dise se nommer « Trouscaillon », il semble à Zazie qu'elle l'a « déjà vu quelque part ». |

31	Cityrama – Intérieur jour	1'36"	1) Dans le cityrama, Gabriel est cajolé par les norvégiennes [A]; 2) Zazie, Trouscaillon et Mouaque sont pris dans les bouchons.	**Le chapitre 10 est partiellement transposé dans une partie des séquences 30, 31 et 32.** Au sein des embouteillages causés par la grève du métro, Trouscaillon use de son sifflet pour arrêter deux automobilistes mais ceux-ci l'admonestent. Finalement, ils embarquent dans la « conduite intérieure » d'un « sanctimontronais » qui veut se rendre à la Sainte-Chapelle. Il reconnaît par ailleurs « la fille de Jeanne Lalochère ». Après avoir manœuvré parmi les « importuns », le « provincial » percute le car de Fédor Balanovitch.
32	Cityrama – Intérieur jour	3'14"	Une course-poursuite s'engage entre le Cityrama et la voiture de Mouaque, réduite à son châssis. Le bus de Fédor arrive à destination[1]. Gabriel en profite pour filer à sa répétition [A]. La poursuite se termine par l'encastrement de la voiture dans l'arrière du bus.	
33	Cabaret « Le Paradis » – Intérieur	44"	Gabriel arrive en retard à sa répétition et se le voit reprocher par le propriétaire du cabaret [A].	**À partir de là, l'agencement séquentiel du film ne correspond plus à la division en chapitres du roman. Le film opère d'importantes coupes, refontes et inventions.**
34	Coulisses et loges	17"	Zazie apparaît dans le cabaret. [A] Gabriel téléphone au bistrot de Turandot.	**Le chapitre 11 est totalement éludé dans le film.** Il voit Gabriel discourir sur les affres de l'existence puis inviter ses interlocuteurs à sa représentation du soir. Il indique ensuite avoir fait visiter la Sainte-Chapelle aux voyageurs. Survient Trouscaillon qui lui fait subir un interrogatoire sur « le problème de la liberté ». Zazie lui demande alors une énième fois s'il est « hormossexuel ». Gabriel lui jure qu'elle aura une réponse le soir même. En effet, il informe Fédor qu'il « l'emmène [...] au Mont-de-Piété » ainsi que tous les autres. Afin que les voyageurs puissent payer l'entrée du Mont-de-Piété, Gabriel ourdit une machination : les conduire dans une « brasserie boulevard Turbigo », moins onéreuse plutôt qu'au « Buisson d'Argent ».
35	Bistrot Turandot – Jour	2'36"	À l'autre bout du fil, Charles et Mado s'embrassent. Cette dernière répond à l'appel. Gabriel lui demande d'aller prévenir Albertine afin que celle-ci lui rapporte d'urgence sa robe. Zazie reproche à son oncle de l'avoir abandonnée ; elle se met au piano et fait danser Gabriel et les autres danseuses [A]	
36	Square Saint-Vincent-de-Paul – Crépuscule	31"	Mouaque poursuit Trouscaillon pour l'embrasser. [A]	

---

1. La Sainte-Chapelle qui, à l'écran, n'est autre que le bâtiment vu à la séquence 3.

Deuxième partie. L'œuvre en examen

#	Lieu	Durée	Description	Notes film
37	Appartement Gabriel – Soir	46"	Mado va prévenir Albertine. Elle lui annonce que Gabriel a invité tout le monde à sa représentation.	Le chapitre 12 est partiellement transposé dans le film. La veuve Mouaque et Trouscaillon « commémore[nt] leur rencontre » au « café du Vélocipède Boulevard Sébastopol » [S]. Ce dernier doit toutefois s'éclipser « bellicose l'uniforme » (repris, dans le film, à la séq. 41). « Revenue à la solitude », la veuve rencontre Zazie (séq. 43), qui attend que les autres aient fini leur partie de billard. Pour combler sa solitude, la veuve demande à Zazie de l'accompagner (séq. 43) mais celle-ci lui reproche son sentimentalisme. Elles rejoignent Gabriel à la brasserie du Sphéroïde où, admiré par les voyageurs, il joue au billard. Une maladresse lui fait déchirer le tapis (ce passage est en partie repris à la séq. 48, dans le rêve de Zazie). Au rez-de-chaussée de l'établissement, la troupe va alors dîner d'une choucroute que Zazie qualifie de « dégueulasse ». Cela entraîne la colère du gérant qui n'admet pas que ceux qu'il pense être des étrangers puissent critiquer la cuisine française. [M] (cet élément sera fusionné à la bagarre générale du chapitre 17 pour composer la séq. 51).
38	Cabaret « Le Paradis » – Intérieur soir	28"	Gabriel et les girls dansent toujours, de plus en plus vite, sur la piste tournante. Ils sont tous projetés aux quatre coins du cabaret. [A]	
39	Une place de Paris – Nuit	7"	Trouscaillon et Mouaque s'embrassent fougueusement sous une fontaine. [A]	
40	Cabaret « Le Paradis » – Intérieur	9"	Gabriel et Coquetti tentent d'éteindre l'incendie qu'un ours jongleur a malencontreusement déclenché dans la bousculade. [A]	
41	Square Saint-Vincent-de-Paul – Nuit	23"	Trouscaillon s'échappe des bras de la veuve. Zazie apparaît et entame une discussion avec cette dernière. Trouscaillon grimpe dans la voiture-chassis et démarre. [A]	
42	Couloir Appartement Gabriel – Nuit	21"	Mado demande à Albertine comment elle doit s'habiller pour sortir.	
43	Grand Boulevard Paris – Nuit	1'13"	Mouaque suit Zazie qui marche le long d'un trottoir. La veuve ne parle que « d'amour » : cela irrite Zazie qui la laisse seule.	

44	Rue Bistrot Turandot – Nuit	4''	Trouscaillon arrive en voiture en dessous des fenêtres de l'appartement de Gabriel et Albertine.	Le chapitre 13 est presque totalement adapté dans le film mais ces éléments de l'histoire se situent plus avant dans la chronologie du film. Charles demande Mado en mariage au bistrot de Turandot. Au même moment, Gabriel téléphone pour faire passer une commission à « la douce Marceline demeurée au foyer » : il invite Zazie et tous les autres au Mont-de-Piété. [M] (cf. séq. 35 mais l'appel a pour objet la robe qu'il a oubliée). Turandot arrive ; il est informé du mariage et de la soirée de Gabriel. Mado se rend ensuite chez Marceline pour lui transmettre le message de Gabriel, tout en complimentant sa beauté avec insistance (transposé à la séq. 45).
45	Salonsallamanger Gabriel	1'22''	Mado couvre Albertine de compliments sur son élégance et sa beauté. Trouscaillon pénètre subrepticement par la fenêtre, attire Mado derrière un paravent, se déguise [A] et entreprend de charmer Albertine. Celle-ci, quitte l'appartement puis enfourche son vélomoteur. Trouscaillon la poursuit en voiture. [A]	
46	Extérieurs Paris – Nuit	57''	1) course-poursuite entre Trouscaillon et Albertine. [A] 2) Zazie déambule sur les trottoirs de la place Pigalle. [A] 3) Mouaque cherche désespérément Trouscaillon dans la foule. [A]	
47	Loge Gabriel – Nuit/rue de Paris/ place Pigalle	2'42	1) Gabriel attend nerveusement l'arrivée d'Albertine, se balançant sur un rocking-chair. [A] D'une manière alternée et très rapide [A] : – Zazie continue, très fatiguée, sa déambulation ; – course-poursuite entre Trouscaillon et Albertine ; – Mouaque cherche désespérément Trouscaillon dans la foule ; – le Cityrama arrive sur la place Pigalle. Exténuée, Zazie s'endort sur le capot d'une voiture. [A] S'en suivent les mêmes actions mais effectuées, alternativement par les autres personnages.	

Deuxième partie. L'œuvre en examen 57

| 48 | Salle de billard – Intérieur Nuit | 26" | Zazie continue de rêver. Tous les personnages jouent au billard. L'amant de Lalochère déchire le tapis et Zazie se réveille. [A] | Le chapitre 14 est presque éludé, à l'exception de quelques bribes de dialogue. Dans le taxi de Charles qui conduit Mado, Gridoux, Laverdure et Turandot au Mont-de-Piété, ce dernier unit ironiquement les deux premiers par les liens du mariage. Arrivés à la « plus célèbre de toutes les boîtes de tantes de la capitale », ils sont accueillis par un portier qui s'interroge sur Laverdure. [M] (modification majeure dans la transposition filmique : pour des raisons de bienséances, le lieu où se produit Gabriel devient un cabaret de music-hall classique. Cet élément réduit l'ambiguïté sur les penchants sexuels de l'oncle) Gabriel apparaît et tous le questionnent sur les raisons qui l'ont poussé à ne pas divulguer son métier (une partie des dialogues de cette scène sont repris à la séq. 49[1]). Il se lance alors dans un long discours où il explique qu'il pratique un « art chorégraphique » devenu « la mamelle de [s]es revenus ». Avant que le spectacle ne commence, Gabriel reconnaît avoir le trac et déplore l'absence de Marceline. |
| 49 | Loge Gabriel | 4'02" | 1) Tous les personnages envahissent la minuscule loge de Gabriel puis disparaissent à l'injonction de Coquetti qui demande à Gabriel d'entrer en scène. 2) Restée seule dans la loge, Albertine est rejointe par Trouscaillon qui commence un long numéro de séduction. 3) Albertine est remplacée par Zazie. Trouscaillon ne s'en aperçoit pas. | |

---

1. « Faut voir un psittaco-analyste », « vous qui […] jetiez le voile pudique de l'ostracisme sur la circonscription de vos activités », « Et qui […] n'avez jamais voulu que nous vous admirassassions dans l'exercice de votre art. »

				Le chapitre 15 subit quelques modifications sur le plan de l'action. Toutefois, une grande partie du dialogue est conservée (cf. séq. 49) Seule chez elle, assoupie, Marceline prend conscience qu'un intrus vient de s'introduire dans son appartement [M] (cf. séq. 45). Elle reconnaît immédiatement Pedro-surplus. [M] (dans le film: la scène se déroule dans la loge de Gabriel – cf. séq. 49[1]). Celui-ci se présente comme l'inspecteur Bertin Poirée. Il avoue son béguin et entame une « déclaration d'amour » à laquelle il compte adjoindre son « pouvoir séducteur ». Il exprime son désintérêt pour Zazie, « la mouflette cambrousarde » et pour cette « rombière de la haute » de Mouaque. [M] (dans le film, c'est Zazie qui écoute cette partie de dialogue). Après un désaccord sur la conjugaison du verbe « vêtir » à l'impératif et sa vérification dans le dictionnaire, Marceline « s'éclipse » par la fenêtre, une valise à la main [M] (dans le film, elle dit à Zazie qu'elle part chercher sa valise).
50	Cabaret – Extérieur nuit	1'07"	1) Trouscaillon discute avec Fédor; 2) Tous les personnages sortent du cabaret. Gridoux reconnaît le « satyre de ce matin »; 3) Des policiers surgissent et embarquent Trouscaillon.	Le chapitre 16 est brièvement transposé à la séquence 50. À l'extérieur du Mont-de-Piété, Trouscaillon questionne un « quidam » qui est en fait Fédor Balanovicth. « Le flicmane » est pris d'une confession subite, « la racontouze ». [S] (dans le film, si Trouscaillon s'y livre brièvement à la séq. 31, Charles (séq. 2) et Gabriel (séq. 29) en sont aussi étrangement victimes). La troupe sort de l'établissement. Fédor s'en va avec ses voyageurs, suivi de Mado et Charles [M] (dans le film tous ceux-ci poursuivront la soirée dans le restaurant). Gridoux reconnaît alors « le satyre ». Le vacarme créé alerte des policiers à vélo. D'autres policiers arrivent, arrêtant Trouscaillon et leurs confrères. Gabriel propose d'aller « Aux Nyctalopes » [S] pour une soupe à l'oignon.

---

1. Ce passage est donc transposé par un mixte de deux séquences (45 et 49).

Deuxième partie. L'œuvre en examen

51	Restaurant-Brasserie – Intérieur – nuit	8'08''	1) Tous réunis pour une soupe à l'oignon, les personnages trinquent au talent de Gabriel et à l'union de Mado et Charles ; 2) la situation entre les personnages et les loufiats s'envenime ; une bagarre générale éclate ; 3) le restaurant est saccagé ; les personnages mettent à nue l'envers du décor, de style 1900 [A]. 4) Aroun Arachide (alias Pedro/Trouscaillon) apparaît, épaulé de miliciens en chemises noire. Mouaque est mitraillée. La bagarre reprend de plus belle. Le décor de style 1900 cède à son tour laissant apparaître un studio de tournage [A] ; 5) Gridoux sonne la retraite au clairon. Un monte-charge les fait accéder au sous-sol.	**Les chapitres 17 et 18 sont transposés aux séquences 51 à 53** Alors qu'ils dégustent une soupe à l'oignon peu appétissante, Zazie s'endort. Mouaque est verbalement prise à partie par Gabriel. Elle échange ensuite quelques claques avec Gridoux. Turandot, voulant imiter la danse de Gabriel saute de table en table [S], ce qui « n'est pas du goût des loufiats » de l'établissement qui le saisissent et le jettent sur la chaussée. Gabriel assomme ces derniers ce qui entraîne une bagarre générale. Arrivés à bout de la « meute limonadière », ils s'aperçoivent qu'une troupe (para)militaire a pris position sur la place Pigalle.
52	Sous-sol restaurant	13''	Gabriel (qui tient Zazie endormie), Gridoux, Turandot, Charles et Mado sont accueillis par Albertine habillée en motard. Elle annonce à Gabriel qu'elle va « reconduire la petite ».	**Le chapitre 18 est transposé par une partie de la séquence 51 et des séquences 52 à 55** La veuve Mouaque est tuée d'une rafale de mitraillette. Se détache de la troupe un certain Aroun Arachine (le dernier avatar de Trouscaillon), qui se dit « Prince de ce monde ». Ils échappent à la troupe armée car un monte-charge les fait accéder au sous-sol. L'individu qui a déclenché l'appareillage [M] (dans le film, le personnage d'Albertine est montré, alors que la présence de Marceline dans le roman demeure implicite) les fait cheminer dans un égout puis dans un couloir de métro. La grève est terminée. Le « lampadophore » demande à ce que la troupe se sépare.
53	Couloir et escalier roulant du métro	15''	Le groupe (sans Albertine et Zazie) descend un escalator du métro qui, subitement, se met en marche. « La grève est finie ».	
54	Métro Pont de Grenelle – Extérieur aube	7''	Un métro sort d'un tunnel. [A]	
55	Métro Intérieur Wagon	18''	Zazie dort dans les bras d'Albertine. Un contrôleur (qui n'est autre que Trouscaillon) vient vérifier les tickets. [A]	

56	Chambre Lalochère et son amant – aube	16''	Jeanne Lalochère s'habille en hâte, sort de la chambre, laissant derrière elle son amant encore endormi.	Le chapitre 19 est transposé par les séquences 56 et 57. Jeanne quitte son « Jules » et se précipite à la gare où elle est rejointe par Zazie « accompagnée par un type » qu'elle nomme Marcel. Jeanne s'enquiert du séjour de sa fille qui lui répond : « j'ai vieilli ».
57	Quai Gare – extérieur aube	33''	Jeanne court le long du quai et saute dans un wagon. Albertine, déjà sur place, tend Zazie à sa mère. Jeanne demande à Zazie ce qu'elle a fait durant son séjour. Zazie répond laconiquement : « J'ai vieilli ».	

2. La voix narrative

Qui raconte *Zazie dans le métro*? Qui prend en charge la narration du récit romanesque et du récit filmique? La différence des langages utilisés dans chaque médium, leur spécificité, imposent de dissocier la réponse pour l'un et l'autre. Toutefois, bien des similitudes existent entre ces deux narrateurs.

Le narrateur dans le roman

Extérieur à l'histoire, le narrateur raconte son récit de première main (aucun autre narrateur ne lui délègue le droit de raconter).

Un narrateur désinvolte

D'emblée, le lecteur du roman de Raymond Queneau peut être étonné par l'apparente désinvolture dont fait montre le narrateur. Que ce soit sur le plan de l'expression (forme) ou sur celui du contenu (fond) le narrateur semble singulièrement se libérer des habitudes et des conventions auxquelles des romans de facture plus classiques nous ont habitués.

L'aspect le plus apparemment manifeste, le plus visible – et donc lisible – de cette désinvolture narrative touche, tout d'abord, l'emploi particulier de la langue française au travers de ses différentes constituantes : orthographe, syntaxe, lexique. D'un bout à l'autre de son récit, en effet, le narrateur semble se plaire à rudoyer le matériau linguistique, comme le font ses personnages : cela sera montré et développé à partir de la page 138. En ce qui concerne plus particulièrement la narration, les traces de cet ostensible laisser-aller se réalisent notamment par des approximations voire des incorrections syntaxiques lors des récits de paroles[1]. Pour le discours rapporté directement, on pourrait ainsi relever l'emploi très récurrent et fautif de la conjonction « que » dans la proposition incise afin d'imiter la langue parlée populaire (« *Je pourrais essayer? qu'elle demande* », p. 48, « *Eh petite, qu'il insiste et qu'il continue à crier* », p. 32), ou encore l'emploi abusif du même « que » (« *il ajoute que c'est pas tout ça, faut qu'il aille prévenir Marceline* », p. 142) ou enfin l'absence de signes de ponctuation (deux points, guillemets) qui normalement signalent une démarcation énonciative (« […] *puis quelqu'un lui demande vous n'auriez pas un lacet de soulier par hasard…* », p. 78). Cette désinvolture grammaticale se réalise aussi au moyen de libertés formelles que s'octroie le narrateur pour rapporter des paroles proférées simultanément (« *Qu'est-ce que (Oh qu'il est mignon) t'insinues (il m'a appelée) sur mon compte (une mousmée) dirent synchrones Gabriel (et la veuve Mouaque)* ») ou, plus simplement, pour contrarier nos habitudes de lecture, en dissociant le groupe sujet de son verbe (« *On, dit Gabriel, pourrait lui donner un soporifique* », p. 26). Par ailleurs, le narrateur fait fréquemment le choix de mépriser la concordance des temps verbaux. Ainsi, à moins d'une utilisation systématique du présent de narration, il mélange de manière fantasque et fautive les temps du récit et les temps du discours, par exemple : « *Son visage sur lequel passèrent des ombres quasiment anthropophagiques s'éclaircit. Elle songe avec satisfaction que c'est toujours ça de pris* » (p. 50).

---

1. Autrement nommés : les discours rapportés.

Il faudrait cependant nuancer cette inclination du narrateur à la faute en remarquant, en d'autres endroits du récit, sa capacité à raconter en employant une orthographe et une syntaxe irréprochables. **Il semble donc que cette désinvolture soit pleinement assumée et voulue.**

Outre le langage, cette dernière affecte aussi le contenu du récit, la manière même de raconter. On le verra[1], le narrateur affiche une grande légèreté lors du traitement de l'espace et du temps, dont il revient principalement au lecteur de reconstituer les fragments désordonnés qui lui sont jetés. Pourraient aussi participer de cette négligence narrative l'emploi constant et peu habituel dans un roman, des didascalies. Qu'elles indiquent « *(un temps)* », un « *(geste)* », un « *(silence)* », un (« *soupir* »), etc., elles signalent avant tout, dans un roman, ou du moins un récit, un manque. Elles signifient surtout un refus de dire et de raconter, que ce soit par souci d'économie, par fainéantise ou pour passer sous-silence ce qui choquerait la bienséance (« *les détails zaziques* », notés « *(détails)* » à six reprises, p. 33-34). De même, relèvent du laisser-aller général du narrateur la multiplication de situations invraisemblables et fantaisistes qui, à terme, mettent à bas le cadre réaliste (ancrage spatial, références historiques, etc.) qu'il entend par ailleurs construire : le « *sanctimontronais* » qui reconnaît « *la fille de Jeanne Lalochère* » (chap. 10), le polymorphisme de Pedro-surplus, dont son dernier avatar « *Aroun Arachide* » et ses « *divisions blindées de veilleurs de nuit* » (chap. 18), le monte-charge, coup de théâtre final, etc.

Un narrateur équivoque

Dès l'attaque de son récit, le narrateur propose plusieurs récits de pensées : « *Doukipudonktan, se demanda Gabriel excédé* », « *Elle pensait pas à elle en disant ça [...]* », « *le type [...] se dit c'est un*

---

1. Voir « Le traitement du temps » p. 66 et « L'espace dramatique... » p. 81 de ce volume.

malabar. » Ainsi, il fait état de sa capacité à pénétrer l'intériorité des personnages, il affiche d'emblée son omniscience. Sans se focaliser sur un personnage en particulier, le narrateur donne à lire, non sans se moquer ironiquement des conventions romanesques, leur « *petite voix intérieure*[1] » ou « *la petite tévé qu'ils* [ont] *sous le crâne* » (p. 35). Mais lorsqu'il utilise les différentes possibilités de rapporter les paroles ou les pensées de ses personnages (discours direct, indirect, indirect libre), le narrateur se plaît par moments à malicieusement intriquer sa voix à celle de ces derniers, de sorte qu'il devient très difficile, voire impossible, de faire le départ entre les deux.

C'est en effet parce qu'il adopte, bien souvent, leurs incorrections langagières, que les limites de leurs discours respectifs deviennent poreuses. Inversement, le narrateur peut établir une distinction en utilisant une syntaxe ou un lexique recherché et spécifique que certains personnages ne maîtrisent d'évidence pas. Il en résulte une oscillation récurrente entre identification aux personnages et distanciation de ces derniers.

De plus, il a une propension à délivrer des informations de manière partielle et inégale : s'il sait parfois tout, parfois il semble ne pas (ou rien) savoir. En témoignent, par exemple, l'utilisation de pronoms indéfinis (« […] *il désigne quelque chose en l'air* », p. 13), ou d'énoncés lacunaires (« *Au revoir tout le monde, qu'elle crie par la portière, et merci pour la bonne... et merci pour l'ec... Mais on entend pas le reste* ») qui tendent à remettre en question son omniscience. **Le narrateur est-il aussi désinvolte qu'on voulait bien le croire ou est-il foncièrement ignorant ?** Sa narration fragmentée soulève plus de questions qu'elle n'apporte de réponses définitives (Gabriel est-il homosexuel ? Albertine, trans-

---

1. L'expression est utilisée à de très nombreuses reprises (p. 41, 44, 56, 57, 66).

sexuelle ? Zazie, mythomane ?). Au vu des béances dans son récit, on est en droit de se demander s'il le sait lui-même.

Le narrateur dans le film

Comme pour son homologue littéraire, on ne confondra pas l'auteur (le réalisateur) et l'instance qui prend en charge le récit cinématographique. Même si au cinéma les différences sont plus ténues, **qui fait le film n'est pas celui qui raconte**[1]. Dans une écrasante majorité des cas, le narrateur filmique fait de son mieux pour gommer dans son récit toutes traces de sa présence, de manière à faire croire que le film se raconte lui-même, sans intervention extérieure[2]. Dans cette optique, il prendra soin de ne pas utiliser des procédés visuels et sonores trop marqués et voyants ou de proposer le montage* le plus fluide possible[3]. Un unique visionnage du film suffit à remarquer que le narrateur filmique de *Zazie dans le métro* se situe aux antipodes de cette perspective ! Il n'efface pas ses traces derrière lui, bien au contraire, il les exhibe. Reste à connaître sa nature véritable, qui là aussi, est tout sauf univoque.

Une première hypothèse consisterait à considérer qu'il s'agit d'un narrateur filmique extérieur à l'histoire, une sorte de « grand imagier[4] » qui raconte en montrant et en assemblant des images et des sons, tout en déléguant ponctuellement la narration à Zazie (un *flash-back* – séq. 22 – et un rêve – séq. 47 et 48). Toutefois, la séquence du rêve nous amène à reconsidérer l'identité de la voix narrative.

Comment expliquer, en effet, que Zazie soit à même de rêver les actions qui nous ont été montrées un temps avant, en

---

1. À moins d'un film explicitement autobiographique.
2. C'est ce qu'on nomme « l'esthétique de la transparence », qui est chère au cinéma dit « classique ».
3. Ces éléments feront l'objet d'un examen détaillé dans la partie III.
4. L'expression est d'Albert Laffay.

redistribuant tous les rôles, alors qu'elle n'est pas censée les avoir vues ? Ce paradoxe nous conduit à comprendre différemment les minutes qui précèdent le rêve et à douter de la présence d'un « grand imagier » : et si n'était-ce pas déjà Zazie qui racontait, qui proposait son propre récit audiovisuel ? Et si c'est le cas, depuis combien de temps sommes-nous trompés ? Le réexamen de la séquence de la course-poursuite entre Zazie et Pedro (séq. 24) apporte un début de réponse. En effet, même si les séquences précédentes ne donnent pas tous les gages du réalisme, celle-là se démarque de l'ensemble par son aspect outrancièrement loufoque et irréaliste. De plus, la séquence est scandée par un « plan-leimotiv[1] » montrant Zazie, filmée en gros plan*, et nous souriant. Le script du film note à ce sujet : « [ce plan] *suggère que tout ce que contient cette séquence provient de l'imagination dévergondée de Zazie.* »

Si donc, de part et d'autre du film, se trouvent des épisodes du cinéma intérieur de Zazie, pourquoi ne pas imaginer que l'intégralité du film relève de cette logique onirique ? Ainsi, la séquence de la bagarre générale (où Zazie dort sur une table) et plus largement, toutes les scènes où l'invraisemblance prévaut (bébé à vendre, perle dans l'huître, etc.) pourraient également provenir de l'imagerie mentale effrénée de Zazie.

Dans cette perspective, comme l'annonce Gabriel (p. 92/ séq. 29), le rêve de Zazie ne serait alors plus que « *le rêve d'un rêve* ».

---

1. Expression de Louis Malle lui-même.

3. Le traitement du temps

Une linéarité trouée

Un temps linéaire

Dans son ouvrage *Zazie dans le métro de Raymond Queneau*, Michel Bigot, commente et analyse la temporalité à l'œuvre dans le roman, en dégageant, très clairement, les éléments saillants de cette constituante fondamentale du récit. Il remarque tout d'abord que « *l'action du roman se déroule selon une chronologie interne assez précise* ». En effet, entre l'arrivée et le départ de Zazie (soit entre le premier et le dernier chapitre), « *trente-six heures environ s'écoulent, qui se répartissent sur trois jours* ». Il constate ainsi que le récit repose sur « *une temporalité linéaire* » distribuant les actions selon « *un ordre chronologique et logique* » et, ce faisant, il recense les « *indices temporels* » qui le « *balisent* ». Par ailleurs, si l'on peut relever quelques béances dans le récit (ellipses*), plus ou moins conventionnelles et justifiées d'un point de vue dramatique, celles-ci n'altèrent pas son « *ordre linéaire* » : « *Chaque chapitre correspond à une unité narrative, qui dépend de la précédente comme de la suivante.* »

On pourrait alors légitimement se demander ce qu'il en est de la transposition filmique proposée par Louis Malle.

Pour ce qui est de la durée de l'histoire, le film adopte scrupuleusement celle du roman : moins de quarante-huit heures réparties sur trois jours. Dans les deux œuvres, en effet, Jeanne Lalochère rappelle à son frère Gabriel et à sa fille la date de son retour : « *Je vous retrouve ici, après-demain matin* » (p. 10 et séq. 1). La répartition temporelle des actions s'effectue, dans le film, comme suit :

Deuxième partie. L'œuvre en examen

JOUR	Séquences	Durée	Indications verbales ou visuelles/Notes
JOUR 1	Séquences 1 à 7	De la fin (?) d'après-midi jusqu'au coucher de Zazie.	
JOUR 2	Séquences 8 à 28	Du matin jusqu'à 13 heures environ	Le réveil-matin dans la chambre de Gabriel indique 12h22 (séq. 26). Rétrospectivement, Pedro/Trouscaillon indiquera (séq. 49) qu'il a rencontré Albertine (séq. 26) « *à midi* ». Les déjeuners sont servis sur la terrasse du bistrot de Turandot (séq. 27)
	Séquences 29 à 35	Du début jusqu'à la fin de l'après-midi	Gabriel évoque son retard à sa répétition de 18h : « *et ma répétition à six heures* »/ « *Oh! Ma répétition!... je n'y serai jamais* » (séq. 30) Coquetti, le propriétaire du cabaret le confirme : « *Ah, vous voilà mon petit bonhomme!... je croyais que vous répétiez à six heures?* » (séq. 33)
	Séquences 36 à 52	Du soir jusqu'à la fin de la nuit	Séquences 33 à 35 se déroulent en intérieur. La séquence 36 indique un « crépuscule ». La nuit s'installe à l'écran dès la séquence 41.
JOUR 3	Séquences 53 à 57	De l'aube au matin	À travers les vitres du métro (aérien), on distingue la lumière du jour qui se lève.

Excepté un *flash-back* sujet à caution[1], la conduite du récit s'effectue de manière strictement linéaire, sans bouleversements de l'ordre dans lequel sont présentées les actions. Se dessinent ainsi, pour ces trois jours, trois périodes (temporelles et narratives) nettement marquées, au volume sensiblement différent :

---

1. Voir « La voix narrative » p. 60 de ce volume.

- **Période 1**: les séquences 1 à 7 (correspondant aux chapitres 1 et 2 du roman) forment une partie expositive (prologue) d'une durée approximative de 13 minutes où sont narrés, présentés, plusieurs éléments capitaux pour la suite du récit, nécessaires à l'information et à la compréhension du spectateur. Il s'agit en effet de délivrer des réponses aux questions que tout spectateur est en droit de se poser lors de son entrée dans la fiction : Où ? Quand ? Qui ? Pourquoi ? Soit, respectivement :
    1. À Paris, comme l'attestent conjointement l'emploi de toponymes réels et la monstration, à l'écran de lieux existants[1] (séq. 2, séq. 3 voire séq. 5).
    2. L'histoire n'est pas précisément datée. Toutefois, certains éléments visualisés peuvent suppléer ce manque, comme l'indique Francis Vanoye[2] : « *Au cinéma l'image montre des lieux, des objets, des bâtiments, des hommes et des femmes avec leurs vêtements, leurs coupes de cheveux, leurs langages, etc., autant de points de repères pour une datation éventuelle de la fiction.* » De fait, des marques temporelles indirectes indiquent que celle-ci s'avère, peu ou prou, contemporaine du moment de la production du film, en 1960[3].
    3. Zazie, une pré-adolescente provinciale, qui est confiée à son oncle Gabriel (séq. 1 à 7) et sa tante Marceline (séq. 6 et 7), eux-mêmes entourés d'amis et de connaissances (Charles – séq. 2 à 4, Turandot et Mado p'tits

---

1. Voir « Espaces et lieux, cadres de l'action » p. 81 de ce volume.
2. Francis Vanoye, *Récit écrit Récit filmique*, Nathan Université, 1989, p. 159.
3. Un spectateur de 1960 ou un spectateur averti aurait pu également déceler dans le film certains indices permettant de dater l'histoire. Ainsi, à la séquence 45, on peut distinguer (comme le scénario le rappelle) : « *les néons du Théâtre Châtelet affichant* Marco Polo »... une opérette interprétée par Louis Mariano de 1958 à 1961.

pieds – séq. 4) durant le séjour parisien que sa mère, Jeanne Lalochère s'est octroyé pour rejoindre son amant (séq. 1).
  4. Laissée à la garde de son oncle pour des raisons de commodités, Zazie ne semble cependant n'avoir qu'une motivation, réitérée verbalement : « *aller voiturer dans lmétro* » (séq. 2), « le ME-TRO ! » (séq. 3)
- **Période 2** : les séquences 8 à 52 (correspondant aux chapitres 3 à 18 du roman) constituent le cœur du récit, là où les actions principales se multiplient. D'une durée fictionnelle d'environ vingt-quatre heures (du lever de Zazie à son endormissement dans le restaurant-brasserie), elle occupe la majeure partie de la durée de projection du film, soit environ 70 minutes. C'est durant cet intervalle que Zazie effectuera, comme on le verra, son parcours initiatique dans la capitale[1].
- **Période 3** : les séquences 53 à 57 (correspondant au chapitre 19) composent une partie conclusive (épilogue) de quelques heures du point de vue fictionnel (de l'aube jusqu'à « *six heures soixante* ») traitées en trois minutes environ.

Ainsi, à cette structure temporelle linéaire, on peut faire remarquer que se calque et s'adosse la structure prototypique de toute histoire[2] : le passage d'un « *état initial* » (période 1) à un « *état final* » (période 3), qui s'appuie sur une série d'actions (période 2) impliquant, de fait, une *transformation*. Cette période centrale constitue donc **le temps des épreuves initiatiques de l'héroïne**. Épreuves qui, comme dans un conte traditionnel, l'amèneront à transgresser une interdiction initiale (entrer dans les souterrains du métro) pour en ressortir définitivement *transformée*. Ce

---

1. Voir « Espaces de formation/Espaces d'initiation » p. 107 de ce volume.
2. Théorisée entre autres par Vladimir Propp et Paul Larivaille.

changement sera compris et verbalisé par Zazie elle-même (à la dernière réplique de l'épilogue) qui constatera : « *J'ai vieilli* ».

Ce temps, qui porte les actions et les déplacements[1], arbore tous les atours d'une force immuable ; il s'institue en un mouvement indéfectible emportant irrésistiblement le personnage principal vers un autre elle-même, un autre en devenir.

Ainsi, ce temps de l'action, ce temps du séjour parisien, s'il n'est qu'un modeste fragment au regard d'une vie entière, ne semble pas moins en constituer la plus insigne des parties : une période tout à la fois dense (ou condensée) et capitale sur le plan de la formation individuelle, portée par un récit tout aussi *fondateur*.

Un temps troué

On l'a dit, la linéarité temporelle du récit n'est pas uniforme, loin s'en faut. Elle est en effet ponctuée de béances, c'est-à-dire d'**ellipses***. Dans le roman, certaines de celles-ci, relève Michel Bigot, situées à « *la jointure des chapitres sont monnaie courante* » et se voient totalement légitimées (par exemple entre le chapitre 1 et 2, 2 et 3, 7 et 8, etc.[2]).

D'autres, plus problématiques, se trouvent à l'intérieur même des chapitres (par exemple au chapitre 2, p. 21 où entre deux répliques de personnages, on passe abruptement d'une discussion entre Gabriel, Charles et Turandot au souper préparé par Marceline[3]).

---

1. Voir « L'espace dramatique... » p. 81 de ce volume.
2. Cela concerne, en définitive, la plupart des jonctions entre chapitres, à l'exception de ceux qui sont entrelacés.
3. « – *Moi, je suis franc, dit Charles.* [...] *Et puis réponds-moi, est-ce que tu parlais comme ça quand t'étais gosse ?*
   – *Non, répond Gabriel, mais je n'étais pas une petite fille.*
   – *À table, dit doucement Marceline en apportant la soupière.* »

Deuxième partie. L'œuvre en examen   71

Pour ce qui est du film, il est nécessaire d'indiquer en premier lieu **le rapport particulier que le récit cinématographique entretient avec l'ellipse**. En effet, à côté de celles participant du désir, de la part de l'instance qui raconte, de passer volontairement sous silence des épisodes de l'histoire à des fins dramatiques[1], il existe des ellipses qui sont inhérentes au processus même de narration. De fait, à moins que le temps de l'histoire soit équivalent au temps de la projection[2], la présence de l'ellipse s'impose car il est impensable de tout montrer, de tout raconter. Ainsi, le cinéma vit de cette dernière, qui sert à dynamiser le récit, à l'émonder d'éléments jugés peu importants voire inutiles à son économie générale. Elle est donc constitutive du récit cinématographique dès lors qu'on raconte une histoire qui dépasse le temps de la projection.

Dans *Zazie dans le métro* de Louis Malle, **le premier type d'ellipse** (ellipse dite dramatique) n'est guère représenté. Certes, la nuit qui suit l'arrivée de Zazie (entre les séquences 7 et 8) est élidée comme dans le roman. Cette béance est alors source d'interrogation sur la profession de Gabriel, dans les deux cas : quel métier peut-il exercer à onze heures du soir qui nécessite de ne pas « *oubli*[er] [s]*on rouge à lèvres*[3] » ? Ce questionnement ne trouvera sa réponse que plus tard : « *danseuse de charme* » (p. 62), « *dans une boîte de tantes* » (p. 62)/« *danseuse espagnole* » (séq. 26).

Parallèlement, l'ellipse peut être explicitement signalée au moyen d'un *intertitre*[4] indiquant « *23 minutes plus tard* » (séq. 27), tout en étant parfaitement inutile : outre la précision comique

---

1. Dans un film policier, par exemple, où l'identité du meurtrier sera occultée pour ne pas déflorer le plaisir que le spectateur prendra à la résolution de l'intrigue par l'enquêteur.
2. Ce qui est somme toute assez rare.
3. Chap. 2, p. 29/Séquence 7.
4. Voir « La voix narrative » p. 60.

du nombre de minutes, ce laps de temps retranché ne contient d'évidence aucun élément important sur le plan dramatique.

Le second type d'ellipse s'avère, inversement, innombrable. En effectuer le recensement serait une entreprise fastidieuse et improductive dans la mesure où, on l'a dit, ces trous sont essentiels au récit cinématographique. Toutefois, deux cas dans le film posent problème au regard du traitement dont ils font l'objet.

- À la **séquence 6**, Albertine accompagne Zazie dans sa chambre afin qu'elle se couche. Elles sortent toutes deux de la pièce (le *salonsalamanger*) mais « *la porte reste fermée une fraction de seconde, puis Albertine revient seule*[1] » affirmant : « *elle n'a pas été longue à s'endormir* ». Dans ce cas, le temps de l'histoire (l'action de s'endormir) est normalement plus long que le temps du récit (le temps passé à raconter, soit « *une fraction de seconde* »). Aussi, pour des raisons de vraisemblance, l'ellipse s'imposait-elle ici. Or, celle-ci est paradoxalement refusée et suggérée en même temps. Pour que l'ellipse ait été explicitement signifiée, elle aurait dû l'être par un changement de plan : l'ellipse se serait alors logée dans l'interstice des deux plans (la sortie puis l'entrée d'Albertine). Ainsi, la procédure habituelle de création de l'ellipse se voit rudoyée voire niée car un principe fondamental est lui-même contesté : la nature indivisible du plan. En effet, **le plan est perçu et conçu comme un fragment de temps et d'espace insécable : une ellipse temporelle ne peut donc s'y produire.**
- De la même manière, à la **séquence 8**, la caméra suit Zazie, de dos, le long du couloir de l'appartement de Gabriel. Puis, « *elle entre dans sa chambre et en ressort aussitôt toute habillée (en jupe plissée grise et chandail rouge)* ». Là encore,

---

1. *L'Avant-Scène cinéma* (*op. cit.*), p. 18.

il y a disjonction entre temps supposé de l'action et temps de projection.

Au travers de ces deux exemples, on peut être incité à suspecter cette linéarité chronologique du récit et tenter de déceler en son sein d'autres cas de ruptures temporelles.

Un temps truqué

En y regardant de plus près, se cachent sous le vernis de la cohésion et de la continuité, des craquelures, des fêlures temporelles que le film aménage, décline et multiplie. On pourrait s'attacher à dresser un inventaire (non exhaustif) de ces variations de perturbations temporelles, de ces falsifications (visuelles)[1] qui affectent nos habitudes de spectateur et qui laissent entrevoir un monde fictionnel régi par des lois physiques différentes.

Apparitions, disparitions, clignotements, dédoublement

À plusieurs reprises, dans le film, Zazie et d'autres personnages semblent doués du don d'ubiquité : ils apparaissent et/ou disparaissent soudainement dans/de l'espace montré sans que cela étonne le moins du monde ceux qui les entourent ; phénomènes qui rappellent le sens littéral ou figuré des verbes « *s'éclipser* » et « *apparaître* », récurrents dans le roman. Créés par trucage de la bande visuelle, ces procédés revêtent plusieurs fonctions : **rappeler les débuts du cinéma**, notamment l'esthétique de Georges Méliès[2] et par là même rappeler et afficher le caractère foncièrement illusionniste de ce médium ; instaurer une temporalité surnaturelle qui tient du registre merveilleux. On trouvera, ci-après, quelques exemples de ces distorsions temporelles merveilleuses.

---

1. Relevant aussi pour la plupart de l'*ellipse*.
2. Georges Méliès est un cinéaste majeur du début du XXe siècle à qui l'on doit, notamment, les premiers trucages. L'esthétique de Méliès est volontairement non réaliste. Il n'a jamais cherché à masquer les procédés utilisés.

- **Séquence 4**: Turandot peste, en vociférant, contre le langage et les manières de Zazie. Se faisant, il se téléporte en plusieurs endroits : derrière le bar, devant le bar, près du couple formé par Charles et Mado, près de la cage de Laverdure, etc. De là, naît une impression de fragmentation stroboscopique du temps.
- **Séquence 6** :
  1. Zazie, assise à gauche de son oncle, évoque ses projets professionnels et se retrouve subitement, dans le cours de sa phrase, à sa droite avant de revenir à sa gauche. Ce changement, effectué au moyen de deux panoramiques horizontaux filés*, bafoue les lois spatio-temporelles en vigueur dans *notre* réalité.
  2. Quelques secondes plus tard, après qu'elle a embrassé son oncle sur la joue, Zazie « *disparaît de l'image*[1] »
- **Séquence 38** : inversement, Zazie apparaît magiquement à l'image alors que le propriétaire du cabaret *Le Paradis* crie « *au feu* ».
- **Séquence 45** : à l'instar de Turandot, à la séquence 4, Albertine « clignote » autour du mannequin pendant que Mado la couvre d'éloges.
- **Séquence 49** : la loge minuscule de Gabriel a été envahie par une foule de personnages qui disparaissent à vue dès lors que le propriétaire du cabaret enjoint Gabriel d'entrer en scène.
- **Séquence 24** : de même, durant la course-poursuite où elle tente d'échapper à Pédro, on peut voir Zazie se dédoubler à l'image, par trois fois. Là encore, les principes spatio-temporels normaux sont abolis, niés par ce qui nous est montré à l'écran.

---

1. *L'Avant-Scène cinéma* (*op. cit.*), p. 18.

Deuxième partie. L'œuvre en examen 75

Mais la première occurrence de ce régime d'apparition/disparition est en soi révélatrice : la **séquence 4** s'ouvre par deux plans montrant la substitution à vue d'un « *gramophone à large pavillon vert* » par « *un très moderne juke-box* ». Ce changement abrupt, s'il implique aussi une ellipse ne renvoie pas moins, de manière symbolique, à deux époques incessamment évoquées dans le film et dans le roman : le passé et le présent, le moderne et l'ancien. Le temps de l'aventure de Zazie s'inscrit donc dans une période transitionnelle dont la réfection du bistrot de Turandot[1] témoigne : « *le zinc en bois depuis l'occupation* » va progressivement laisser place à la rutilance des panneaux de formica jaunes et noirs, caractéristiques du *design* des années 1960. Même si le discours des personnages fait parfois référence au temps révolu de l'Occupation allemande (séq. 16 et 19[2]), même si le décor en porte encore les stigmates (portrait du maréchal Pétain qui apparaît sous un panneau retiré par un ouvrier, séq. 4), la modernisation semble irrésistiblement en marche. Cependant, celle-ci pourra être tout aussi symboliquement contestée lors de la mise à sac du très contemporain restaurant-brasserie (séq. 51).

Bande visuelle et bande sonore décalées

Dans la perspective d'une esthétique dite *classique* du cinéma, la bande-son et la bande-image sont considérées comme consubstantielles. Il doit ainsi se réaliser une relation de concordance entre ces dernières : la continuité temporelle de l'une doit s'articuler à la continuité temporelle de l'autre. Autrement dit, lorsque le son* (et en premier lieu la parole) est dit *in*[3], le temps de son émission

---

1. Séquences 4 et 35.
2. Durant cette séquence, on peut même observer un anachronisme flagrant en l'espèce de « *Trois soldats allemands, du temps de l'occupation* [qui] *passent près* [de Gabriel, Gridoux et Turandot]. »
3. Un son est dit « in » lorsque sa source (qui fait partie de la fiction) se trouve visualisé à l'écran.

doit étroitement correspondre au temps mis pour la prononcer (action que nous visualisons à l'écran). Selon les principes de la vraisemblance on ne pourrait admettre, par exemple, qu'un personnage prononce à l'écran le début d'une phrase dans un lieu (« *J'ai toujours aimé...* ») et sa fin dans un autre trop éloigné du premier (« *les transports en commun* »). Ce serait en effet nier le présent du discours, le présent de l'énonciation car le temps pris à prononcer la phrase ne pourrait correspondre au temps pris pour se déplacer entre les deux lieux.

Or, c'est précisément ce type de rupture qu'offre à observer le film de Louis Malle :

- **Séquence 29** : en haut de la tour Eiffel, on entend Gabriel déclamer son monologue existentiel d'une traite alors que la durée de ce dernier ne coïncide pas avec la durée nécessaire aux changements de lieu qu'il effectue. Cette asynchronie entre l'image et le son participe d'une esthétique du clip-vidéo dans lequel l'image est subordonnée au son[1].

« ... et qui tant firent...	... qu'à la fin ils disparurent.	Un plaisir les amène...	... un corbillard les remporte ».

- **Séquence 49** : la disjonction entre les paroles *in* et la source visualisée de leur émission est encore plus marquée dans la scène où Trouscaillon énumère les rencontres successives qu'il a faites dans la journée en se rhabillant. Ce faisant, il sort du champ par le bord droit du cadre et y entre instantanément à nouveau par le bord gauche, chaque entrée étant marquée par l'ajout d'un élément vestimentaire !

« À midi, c'était vous ma divine...	... Après le déjeuner, voilà-t-il pas que je tombe sur une rombière de la haute...	... à la vision. La Baronne Mouaque...	Elle m'a dans l'épiderme... »

---

1. Laurent Jullier qualifie cette configuration d'« *effet-clip* ».

- **Séquences 57-58** : le processus de distorsion s'effectue ici, non plus à l'intérieur d'une séquence mais entre deux séquences, ce qui en amplifie la portée. La séquence est en effet comprise comme un bloc narratif qui implique un changement d'espace et de temps. Or, Jeanne Lalochère quitte la chambre qu'elle a occupée avec son amant en commençant une phrase et la termine sur le quai de la gare. Encore une fois, le temps et l'espace, tels que nous les connaissons, se voient abolis par la présence de la bande-son qui, en créant une jonction entre ces derniers, en signifie également le caractère merveilleux.

À l'image, Jeanne quitte la chambre	À l'image, elle est sur le quai de la gare
« *Et il est d'un bête avec ça... S'il vient...*	*... me retrouver, s'il insiste,... je dirais peut-être pas non.* »

Accélération de l'image et du son

D'un bout à l'autre du film, on ne peut qu'être sensible à l'utilisation systématique de la figure de *l'accéléré* (qui affecte autant la bande-image que la bande-son). Cela[1] constitue le trucage du temps le plus manifeste pour le spectateur. En effet, c'est une falsification temporelle qui ne met rien en œuvre pour se faire oublier : elle s'expose sans ambiguïté comme *effet spécial*, elle triche ouvertement. Dès lors, eu égard à son mensonge patent et à son emploi devenu presque une norme dans le film, l'*accéléré* participe grandement à la création d'une temporalité expressément singulière et propre au monde qui nous est donné à voir : un temps irréel voire surnaturel.

---

1. Comme son opposé *le ralenti*, utilisé lorsque Pedro pourchasse Zazie sur les toits (séq. 24).

Temps distordus, distendus

Il resterait enfin à évoquer toutes les autres incohérences spatio-temporelles qui jalonnent le film et dont la présence ébranle également la vraisemblance voire, même, le principe de non-contradiction.
- **Séquences 25-26** : à la fin de la séquence où Zazie se retrouve dans la rue occupée par l'Armée du Salut et quelques badauds (séq. 25), un cadrage serré sur l'héroïne la montre ensuite entourée de trois permanents et de Pedro qui dit : « *Allez, viens. On verra bien ce qu'ils disent tes parents* ». Un travelling* arrière accompagne alors Zazie qui avance vers nous. L'élargissement du cadrage* laisse apparaître un autre lieu (séq. 26) : un couloir de l'appartement de Gabriel ! Deux temps et deux espaces, en principe étanches, fusionnent ainsi en se contorsionnant. Ce moyen filmique traduit l'ellipse abrupte qui figure dans le roman (chap. 5) où l'on passe, d'une phrase à l'autre et sans transition, de la rue à l'appartement de Gabriel : « *Aussi, quand le type eut déclaré que c'était pas tout ça, où c'est qu'elle habitait, elle lui donna sans hésitation son adresse. L'astuce était savoureuse. Lorsque Gabriel, après avoir ouvert la porte et s'être écrié Zazie,* [...] » (p. 59).
- **Séquence 45** : il y a incongruité chronologique encore, quand Trouscaillon caché derrière le paravent y attire Mado et réapparaît instantanément affublé du chapeau cloche et du foulard que celle-ci portait. Pendant ces quelques secondes, Albertine, quant à elle, a eu le temps de « *mettre la robe dans un carton de couturier* » et de revêtir imperméable et foulard ! Alors qu'elle se dirige vers la porte pour sortir, Trouscaillon pensant gagner du temps saute par la fenêtre. Il découvre, plusieurs mètres en contrebas, Albertine qui a déjà enfourché son vélomoteur, le carton solidement attaché à l'arrière. Dès lors, tout se passe comme s'il existait

deux temporalités concurrentes, deux temps élastiques à la chronologie et aux durées dissemblables.

On mentionnera pour finir deux cas où la perturbation du temps est due à la réduplication d'une même action.

- **Séquence 27**: Pedro discute avec Gridoux devant sa boutique, pendant que Zazie avance vers eux. Un gros plan montre ensuite Zazie rire du ridicule des bottes de mousquetaire que Pedro vient d'enfiler. La caméra retourne sur ce dernier en le filmant latéralement. La profondeur du champ* ainsi ouverte laisse voir… en arrière-plan, Zazie qui monte les marches en compagnie de Gabriel! La même action s'effectue alors deux fois à moins que ce ne soient… deux actions différentes.
- **Séquence 30**: sur les berges de la Seine, Gabriel « *passe devant une automobile que les propriétaires lavent à grande eau. En les dépassant* [il] *frappe sur les fesses de l'homme, tandis que la femme, dos tourné, n'a rien vu et se retourne pour jeter un seau d'eau sur la voiture. C'est son mari qui reçoit le seau d'eau*[1] ». Au cours de l'avancée de Gabriel, cette action se réalisera trois fois. Cette invraisemblable redondance signale clairement une **achronologie criante**. À l'instar de l'homme bousculé par Gabriel, le temps est malmené. Aussi pourrait-on voir dans la réitération de cette scène une véritable métaphore (visuelle) de la distorsion temporelle[2] en cours, dans le film.

---

1. *L'Avant-Scène cinéma* (*op. cit.*), p. 43.
2. En matière de métaphore du temps déréglé, on pourrait aussi évoquer l'image de la pendule (séq. 48) dont les aiguilles tournent à vive allure.

II. L'espace dramatique : cadres, mouvements, sens

Stéphane Vial

1. Espaces et lieux, cadres de l'action

« La scène est à Paris. » C'est par cette didascalie locative initiale que le texte de Raymond Queneau aurait pu s'ouvrir. En effet, si, comme nombre de critiques l'ont relevé, *Zazie dans le métro* joue d'une proximité, voire d'une confusion entre le genre romanesque et le genre théâtral, le traitement de l'espace dans le roman porte la trace de cette unité de lieu, chère au théâtre classique : Zazie arrive dans la capitale au premier chapitre et en repartira au dernier. Toutefois, ce lieu unique, cadre de l'action, se diffracte en un certain nombre d'espaces différents, réels ou fictifs, qui parcourent le roman, jalonnent le parcours et les discours des personnages mais également celui du narrateur.

Des espaces d'où l'on parle : la scène, l'espace scénique

Tout d'abord, il est des espaces, signalés explicitement ou non, qui servent de lieu d'ancrage à la formulation de la parole des personnages. Ce sont des lieux où la parole trouve son origine, des lieux à partir desquels elle peut se déployer : l'*espace scénique*, pour poursuivre la comparaison avec le théâtre. Ces espaces de parole qui peuvent être explicitement signalés ou non par le narrateur se trouvent à l'attaque ou à proximité des séquences dialogales (ou monologales).

Les espaces scéniques des chapitres 1 à 8

Chap.	Espaces d'où l'on parle	Indication — Explicite	Indication — Implicite	Pages
1	La gare d'Austerlitz		« On peut pas supposer que les gens qu'attendent à la gare d'Austerlitz sentent plus mauvais que ceux qu'attendent à la gare de Lyon ».	p. 7-12
	Le taxi de Charles		« On roule un peu »	p. 12-16
	Le bar du coin	« Tout le monde se retrouve autour d'une table, sur le trottoir [...] »		p. 17-18
2	Le café-restaurant Turandot	« Charles descendit les cinq marches du trottoir au café-restaurant La Cave »		
	Appartement de Gabriel et Marceline		« Ah table, dit doucement Marceline et apportant la soupière »	p. 21-28
3	Devant le café-restaurant Turandot	« Turandot sort brusquement de son bistro et, du bas des marches, il lui crie » (p. 32)		p. 32
	Une rue	« l'autre rue est nettement plus animée »		p. 33-34
	Le café-restaurant Turandot	« Il passe le coin de la rue en rasant le mur et rejoint en hâte sa taverne »		p. 35
	Appartement de Gabriel et Marceline	« Marceline répond pas, va droit à la chambre ». « Marceline entre dans la chambre de Gabriel » « Il va faire un tour dans la chambre de Zazie »	« Il abandonne son troisième verre et fonce »	p. 36-40
	La rue située devant le café-restaurant	« Il ne sait s'il doit aller au nord ou au midi car la rue est ainsi orientée » « Gridoux le cordonnier [...] lui fait signe de son échoppe. Gabriel s'approche. »	« Il sort. Il est sorti »	p. 41-42

Deuxième partie. L'œuvre en examen

4	Un banc dans rue près d'une bouche de métro	« *Zazie s'approcha de la bouche* » « [...] *elle alla s'asseoir sur un banc* »		p. 44-45
	Un bistrot à la foire aux puces	« [...] *le meussieu lui offrit un cacocalo, là, au premier bistro venu* » (p. 45) « *C'est la foire aux puces* [...] *car elle commence là* »		p. 45-46
	Un achalandage de surplus à la foire aux puces	« *Elle s'arrêta pile devant un achalandage de surplus* »		p. 47-50
	Un café-restaurant à la foire aux puces	« *Il l'entraîne comme ça jusqu'à un café-Restaurant* »		p. 50-53
5	Un café-restaurant à la foire aux puces	Idem		p. 54-56
	Une rue	« *On se trouvait maintenant dans une rue de moyenne largeur fréquentée par de braves gens* [...] »		p. 57-58
	Appartement de Gabriel et Marceline		« [...] *elle lui donna sans hésitation son adresse.* » « *Lorsque Gabriel, après avoir ouvert la porte* [...] »	p. 59-62
6	Appartement de Gabriel et Marceline			p. 63-67
	Le café-restaurant Turandot		« *Il* [...] *le projette vers les régions inférieures* »	p. 67-72
7	La boutique de Gridoux		« *Gridoux déjeunait sur place* [...] »	p. 74-84
8	En haut de la tour Eiffel		« [...] *Zazie examina ce qui se passait à quelque trois cents mètres plus bas* [...] »	p. 85-90
	En bas de la tour Eiffel		« [...] *et quelque temps plus tard le revoilà à quelques mètres seulement au-dessus du niveau de la mer* »	p. 90-97

Lorsqu'ils sont mentionnés, ces lieux délivrent des informations succinctes par le biais de groupes nominaux minimaux ou faiblement expansés. Par ailleurs, **à quelques rares exceptions près[1], les séquences descriptives sont absentes dans le roman.** Aussi prendre le parti de ne pas décrire, est-ce assumer sciemment de ne pas donner à voir, de ne pas renseigner. On se prive – et, par voie de conséquence, on prive le lecteur – des fonctions dévolues habituellement à la description[2] : une fonction référentielle (conférer au récit une illusion de la réalité), une fonction didactique (transmettre un savoir sur le monde), des fonctions narratives (apporter des informations sur le récit, créer une atmosphère, etc.). Ainsi, à moins de considérer que ces lieux, et Paris, soient à proprement parler *indescriptibles,* il semble que ceux-ci importent moins que la parole dans lesquels elle s'inscrit : il s'agit de lieux d'*énonciation,* en somme.

La présence des indications et l'absence de descriptions définissent donc une **topographie parisienne imprécise**, lacunaire, partielle dont il revient au lecteur de reconstituer les béances par l'imagination. C'est ce **même processus de comblement qu'ont effectué Louis Malle et Jean-Paul Rappeneau dans l'acte de lecture qui sous-tend leur travail de transposition.**

Mais, **à la différence de l'écriture romanesque, l'écriture cinématographique ne peut refuser de donner à voir l'espace.**

C'est là une des spécificités du médium cinématographique relevée, entre autres, par André Gardiès :

> « *Art de la représentation, son langage est de nature spatiale : l'image mouvante est avant tout organisation mobile d'un espace bidimensionnel. Sans espace, point*

---

1. Notamment à l'attaque du chapitre 4, p. 43.
2. Selon Philippe Hamon, *Introduction à l'analyse du descriptif*, Hachette, 1981.

de cinéma[1]. [En effet,] *Dès lors que le cinéma, grâce à l'image mouvante, donne à voir le monde diégétique*, il ne peut le faire sans donner à voir, en même temps, l'espace constitutif de ce monde*[2]. »

On le comprend, l'espace se révèle consubstantiel au cinéma. Ainsi, au-delà des choix opérés par les scénaristes (conservation, suppression, invention des lieux), les lieux du roman se doivent d'être traduits visuellement par le biais de décors construits ou de décors naturels.

Ces lieux « d'où l'on parle », simplement mentionnés dans le roman, se voient alors parfaitement « décrits » dans le film. **Un seul plan cinématographique en dira toujours plus que la plus longue des descriptions littéraires** comme l'indique Francis Vanoye[3] :

« *Le mot (en tant que signe) désigne, l'image montre. Ce que jamais la succession des mots ne parvient à épuiser (par exemple les traits et expressions d'un visage) ou les éléments d'un paysage, l'image le donne à voir d'emblée, immédiatement, à moins qu'elle ne découpe, morcelle l'objet sans (ou avant de) en livrer l'ensemble à la perception.* »

Un relevé et une analyse exhaustifs des lieux sources de la parole des personnages dans le film de Louis Malle ne sont pas envisageables dans le cadre de ce volume. On peut toutefois donner un exemple de cette transposition-expansion visuelle à l'œuvre.

L'appartement de Gabriel et de Marceline (/Albertine)

L'appartement où vivent l'oncle et la tante de Zazie n'est pas décrit, pas plus que les appartements des autres personnages. Nous sommes fort éloignés des descriptions méticuleuses d'un Balzac, d'un Zola ou d'un Huysmans. Seules quelques informations

---

1. André Gardies, *Le Récit filmique*, Hachette Supérieur, 1993, p. 69.
2. *Ibid.*, p. 70.
3. Francis Vanoye, *Récit écrit, récit filmique*, Nathan Université, 1989.

disséminées dans les chapitres 2, 3, 5, 6, 13 et 15 nous renseignent, mais de manière très approximative, sur la configuration de ce que le narrateur nomme génériquement « *la maison* » : un « *salonsalamanger* » qui peut être « *oscur et muet* » (p. 30) au petit matin, au moins deux chambres, celle où dor(men)t Gabriel et/ou Marceline, celle réservée à Zazie (« *La chambre de Zazie* »), une cuisine où Marceline a préparé le repas du soir (p. 21), « *un vestibule* » (p. 157) « *entrée qu'éclair*[e] *péniblement une fenêtre ornée de vitraux rouges et bleus* » (p. 31), des « *vécés* » « *à l'anglaise* ». Le mobilier, de même, se réduit à l'énoncé de quelques hyperonymes des plus communément partagés : une « *table* » (p. 26, p. 27) « *qui se fend à l'endroit habituel* » (p. 27), une « *chaise* » (p. 27), un « *fauteuil* » (p. 157), une « *commode* » (p. 29), un « *buffet genre hideux* » (p. 159), une « *étagère* » (p. 164).

À cette rétention descriptive, à ce lieu esquissé, Louis Malle et son chef décorateur Bernard Evein répondent[1] par un décor intérieur surchargé, au mobilier hétéroclite, relevant de l'esthétique « kitsch » : table de marbre blanc, sièges dépareillés, statue-luminaire de femme dénudée en cuivre poli, imposant globe de verre sablé surélevé, buffet en bois sculpté, bouquets de fleurs artificielles, etc. L'ensemble dénote le disparate, le superflu et l'incongru. **L'espace se charge ainsi d'une connotation expressive qu'il n'avait pas dans le roman.** Il tend, tout à la fois, à évoquer le caractère baroque de ce texte et à signifier l'ambivalence sociale de Gabriel (un « *colosse* »/une « *danseuse espagnole* ») ainsi que son éclectisme sexuel.

De même, les miroirs qui jouxtent l'escalier menant à l'appartement sont susceptibles de renvoyer aux thèmes baroques de l'illusion, de l'absence de vérité, du faux-semblant qui parcourent le roman et le film.

---

1. Guidés peut-être en cela par le seul adjectif utilisé par Queneau pour qualifier : « *hideux* ».

Espaces dont on parle : le hors-scène, l'espace dramatique

S'il est des espaces constituant le lieu de la parole des personnages, il existe également des espaces qui en sont le sujet et l'objet. Ceux-ci, plus ou moins proches ou distants du lieu d'où parlent les protagonistes, se voient évoqués, suggérés ou désignés au sein de leurs discours.

On pourrait, **en premier lieu, sérier dans le roman des espaces dont on est sûr qu'ils ne sont pas embrassés du regard par les personnages** : *Gare de Lyon* (p. 7), *Saint-Germain-des-Prés* (p. 16)/*Singermindépré* (p. 28), *La Sainte-Chapelle* (p. 96), *Marseille* (p. 117), *boulevard Turbigo* (p. 123), *le Sébasto* (p. 124), *Les Halles et le Château d'eau* (p. 124), *Saint-Montron* (p. 51, 117), *Gibraltar aux anciens parapets* (p. 101, 171, 172). Qu'ils soient réels ou fictifs (*Saint-Montron*), ces toponymes participent à la création d'un **effet de réel** en fournissant un cadre référentiel réaliste à la fiction. Ils attestent, pour la plupart que « *la scène est* (toujours) *à Paris* » et qu'au-delà, *là-bas*[1] s'étend un espace indéterminé qui se prolonge jusqu'aux confins du monde civilisé (« *Gibraltar aux anciens Parapets* ») en passant par une bourgade de province non localisée. Le film joue, lui aussi, de cette utilisation du *décor verbal* à plusieurs reprises, mais de manière parodique et irréaliste, sans doute pour contrebalancer voire contredire l'**effet de réel** inhérent au médium cinématographique : Zazie évoque *Saint-Montron* (séq. 21)[2] alors qu'elle interroge Pedro-Surplus ; la voix enregistrée du speaker du bus Cityrama (séq. 31) fait une allusion à la place Vendôme en délivrant des informations

---

1. Comme l'ailleurs indéterminé (tout ce qui n'est pas « ici ») qu'évoque Gabriel (p. 22).
2. « Zazie (s'adressant à nouveau à Pedro) *"Vous vous souvenez de la couturière à Saint-Montron ?"* » (*Avant-Scène cinéma* n° 104, p. 25).

à la fois vraies et erronées[1]; Fédor Balanovitch annonce à ses touristes (séq. 32), tel le commandant d'un avion de ligne qu'ils « *survol*[ent] *actuellement la plaine du Trocadéro, patrie des célèbres fromages* ».

En second lieu, il faut évoquer des espaces mentionnés par le discours des personnages mais dont on n'est, à aucun moment, certain qu'ils s'inscrivent dans leur champ visuel. Deux passages du roman et du film illustrent ce cas : le chapitre 1 – séquence 3 : Zazie, Gabriel et Charles dans le taxi de ce dernier, et le chapitre 8 – séquence 29 : Zazie, Gabriel et Charles observant l'« orama » de Paris. Nous proposons ci-après une analyse du chapitre 1 – séquence 3.

Chapitre 1 – séquence 3 : Zazie, Gabriel et Charles dans le taxi de ce dernier

Après que Zazie a été récupérée à la Gare, « *on roule un peu* » dans les rues de Paris à bord du taxi de Charles. Ce dernier et Gabriel se contredisent alors sur la dénomination de deux monuments rencontrés en route. Le premier doit être, selon Gabriel, le Panthéon alors qu'il s'agit, pour Charles, de la gare de Lyon. Le second se voit nommer « *Les Invalides* » par Gabriel et « *la Caserne de Reuilly* » par Charles. Qui a raison? Qui a tort? Que voient-ils réellement? Il s'avère impossible de répondre à ces questions, en l'absence d'informations objectives qu'aurait pu délivrer le narrateur. Le doute, l'indécidabilité se renforcent paradoxalement par l'usage massif que fait Gabriel du déictique « ça » : il montre à Zazie des réalités tangibles, visibles, en les accompagnant de désignations sujettes à cautions, du moins à discussion, et qui

---

[1]. « *La première construction date de 1702, la dernière de 1720. La Révolution détruit la statue royale. La place s'appelle alors "Place des Figues"... puis reprend son nom* » (*ibid.* p. 45) : « *Lors de la Révolution, la place vit bien la destruction de la statue de Louis XIV mais elle fut rebaptisée Place des Piques et non Place des Figues.* »

remettent en cause la réalité même de l'objet montré et regardé. Les noms convoqués par les deux personnages deviennent ainsi de simples signifiants* désolidarisés de leurs signifiés* et de leurs référents*.

8	9	10
GABRIEL (*Hors champ**) : Ah !… Paris !… Quelle belle ville !..	GABRIEL (*Hors champ*) : Tiens, Zazie, regarde :	GABRIEL : … Le Panthéon ! CHARLES : Qu'est-ce qu'il faut pas entendre ? GABRIEL : C'est peut-être pas le Panthéon
11	12	13
CHARLES : Non,…non, non, non et non ! C'est pas le Panthéon. GABRIEL : Et qu'est-ce que ça serait, alors d'après toi ? CHARLES : J'en sais rien… Mais c'est pas le Panthéon ? GABRIEL : On va demander à un passant. CHARLES : Les passants sont tous des cons. ZAZIE : ça c'est vrai.		CHARLES : J'ai trouvé !… Ton Panthéon, c'était la Madeleine. GABRIEL : Peut-être, mais maintenant c'est du passé, n'en parlons plus,… tandis que ça, petite, regarde-moi ça si c'est chouette comme architecture. C'est les Invalides ! CHARLES : T'es tombé sur la tête !… C'est tout au plus la caserne Reuilly.
14	15	23 (a)
ZAZIE : Dis donc Tonton, quand vous déconnez comme ça, vous le faites exprès ou c'est sans le vouloir ?	GABRIEL : C'est pour mieux te faire rire, mon enfant. […]	GABRIEL : La vérité !… Comme si tu savais cexé… comme si quelqu'un au monde savait cexé. Tout ça, tout ça, c'est du bidon : le Panthéon, Les Invalides, La Caserne Reuilly, la Madeleine, tout… oui du bidon… Ah !… là là, quelle misère !
23 (b)		
ZAZIE : Et ça, qu'est-ce que c'est ? GABRIEL : ça ?… On sait pas.		

Excepté quelques légères inversions, suppressions, la séquence 3 reprend textuellement le dialogue contenu dans les pages 12 à 16[1] du roman. Aussi, aux mots, repris, vont s'adjoindre les actes

---

1. Jusqu'à « *Ah là là, quelle misère !* »

d'illustration filmique de Louis Malle. Le réalisateur transcode ici le doute que fait planer Queneau sur l'intégrité du signe linguistique en le doublant d'une interrogation sur le signe iconique.

À la différence du roman, les personnages s'interrogent et s'opposent sur le nom à donner à un seul et non deux monuments. Ce seul monument que le spectateur lui-même est susceptible de reconnaître – et donc de nommer – est **l'église Saint-Vincent-de-Paul**[1]. Le bâtiment est montré à cinq reprises dans la séquence :
- une première fois (plan 9) où nous adoptons le point de vision interne[2] mais neuf et/ou naïf de Zazie ;
- par trois fois (plan 11, 13, 15) où l'église apparaît à l'arrière-plan ;
- une dernière fois (au plan 23), près d'une minute plus tard, après que Gabriel a proposé à Zazie de l'emmener voir les Invalides, « le *tombeau véritable du vrai Napoléon* », que celle-ci lui a signifié son seul intérêt, « Le métro ! », et qu'il se retourne, une fois son discours sur la vérité prononcé, laissant découvrir le monument que son corps occultait.

Pour le spectateur, un conflit s'établit entre la bande-son et la bande visuelle : ce qu'on entend ne correspond pas à ce qu'on voit. En effet, la même image d'un monument est affublée de deux couples de dénominations par Gabriel et Charles : *Le Panthéon/La Madeleine ; Les Invalides/la Caserne de Reuilly*. Cette configuration insolite contribue à exacerber la confusion et à instaurer un doute plus profond encore : **et si l'image filmophotographique, censée être une analogie du réel, mentait ?**

---

1. L'église est située dans le 10e arrondissement de Paris, sur la place Franz-Listz.
2. On parle ici de *point de vision interne* dans la mesure où nous lisons le plan 9 comme le champ visuel de Zazie. En effet, le plan 8 nous montre Zazie regarder hors champ vers le segment supérieur du cadre et le plan 9 découvre ce vers quoi se portait son regard.

Deuxième partie. L'œuvre en examen

Et si, comme l'affirme Gabriel, « *tout ça* » ce n'était que « *du bidon* ». De fait, montrer de manière récurrente – et alternée – la même image d'un espace, assigner à un même signifié quatre signifiants différents, c'est nier le pouvoir analogique de l'image, c'est se faire, au sens étymologique *un iconoclaste* (un briseur d'image).

Par ailleurs, la composition des plans 11, 13 et 15 participe également à la construction de ce doute. Pour y parvenir, Louis Malle utilise un procédé d'écriture spécifique : la profondeur **de** champ*. Dans la mesure où l'avant-plan et l'arrière-plan sont dotés d'une netteté approximativement équivalente, mais aussi dans la mesure où l'arrière-plan – le monument – est le thème de la discussion qui se déploie à l'avant-plan, le spectateur est libre d'établir des correspondances, des liaisons entre ces différents étages de profondeur. L'arrière-plan n'est plus seulement un *décor*, une *toile de fond* au-devant desquels les personnages agiraient et parleraient, il se dote de significations propres. Dans notre cas, l'arrière-plan devient un espace de contestation, un espace de contradiction qui vient détruire la cohérence et la cohésion des propos des personnages. En tant que spectateurs, nous sommes – au moyen de ce procédé – pris à parti et institués comme témoins de la disjonction à l'œuvre entre *ce qui est dit* et *ce qui est montré*.

D'une manière générale, le plan 23 constitue l'acmé et la synthèse de cette scène. Il est construit en deux temps.

– **Plan 23 (a)** L'utilisation conjointe du plan rapproché, d'une courte focale* qui déforme le visage (p. 164) d'une lumière orangée illuminant ce dernier, crée un effet de focalisation emphatique sur le personnage et son discours. Occupant l'intégralité du segment droit du champ, Gabriel énonce péremptoirement la tromperie généralisée qui se décline en noms – et en image(s). D'une manière incidente, il dévoile le mode d'écriture et le mode de lecture de l'œuvre, des œuvres, en mettant en garde le lecteur/spectateur sur la facticité de la chose lue (le roman), vue et entendue (le film) : « *Tout ça, c'est du bidon* », en dénonçant le mensonge que constitue tout artefact littéraire ou cinématographique.

- **Plan 23 (b)** Gabriel se retourne et l'arrière-plan que son corps masquait se dévoile en créant une surprise visuelle pour le spectateur : le même monument se trouve devant eux. Le clou est enfoncé, la dernière couche est ajoutée, on ne peut plus douter qu'il nous faudra douter de tout. Cette certitude se confirmera une fois de plus à la séquence 32, quand, au bout du trajet en bus censé conduire les touristes à « *La Sainte-Chapelle* », nous découvrirons... l'église Saint-Vincent-de-Paul.

Louis Malle propose dans les plans de cette séquence l'équivalent cinématographique des clefs de lecture du roman dissimulées par Queneau dans le propos de Gabriel : si les mots et les images ont la faculté d'engendrer un *effet de réel*, celui-ci devra être systématiquement remis en cause et déconsidéré par le lecteur et le spectateur[1].

Espaces narrés, espaces montrés, espaces refusés

Que ce soit dans le texte littéraire ou dans le texte filmique, l'espace se concrétise aussi grâce à l'intervention directe des instances narratives.

« Le lecteur doit croire que la scène est à Paris. » Afin de parvenir à ce dessein, le narrateur du roman ponctue son récit de toponymes qui ne sont ni lieux d'énonciation des discours des personnages, ni sujet du propos de ces derniers : « *Le Sacré-Cœur* » (p. 87, 89) « *Sainte-Clotilde* » (p. 88), « *Bois-Colombes* » (p. 124), le « *café du Vélocipède* », le « *boulevard Sebastopol* », la

---

1. Rappelant en cela la formule de Gabriel au chapitre 8 : « *Paris n'est qu'un songe* [...] *et toute cette histoire le songe d'un songe.* »

« *rue Rambuteau* », la « *brasserie du Sphéroïde* », la « *place Pigalle* » (p. 186), « *Étoile* », « *Bastille* ». Autant de lieux qui « *ne sont pas dans le roman l'occasion de description, mais* [dont la] *dénomination suffit à créer un effet de réel* », comme l'affirme Michel Bigot[1]. Ces termes, couplés à ceux que l'on a déjà relevés plus haut (cf. 1.1 et 1.2), participent d'une entreprise généralisée de création d'un espace référentiel.

Pour ce qui est de la transposition de Louis Malle, cet ancrage spatial à vocation réaliste est très sensiblement démultiplié. En effet, la presque majorité des séquences en extérieur ont été tournées en décor naturel. Le découpage technique, réalisé après le montage définitif du film, et publié dans *L'Avant-Scène cinéma*[2] en porte la trace manifeste.

À l'instar de l'église Saint-Vincent-de-Paul, chaque lieu apparaissant dans une scène ou une séquence filmée en décor naturel est susceptible d'être effectivement reconnu par le spectateur. On peut référencer :
- **des passages couverts** : « *Passage du Caire* » (séq. 12, p. 21) ; « *Passage du Grand Cerf* » (séq. 24, p. 28) ; « *Passage Vivienne* » (séq. 24, p. 28) ;
- **des places** : « *place de la Concorde* » (séq. 28, p. 35 ; séq. 30, p. 45) ; « *place Blanche* » (séq. 46, p. 52 ; séq. 47, p. 53) ; « *place Clichy* » (séq. 47, p. 53) ; « *place du Canada* » (séq. 30 – un panneau de signalisation est visible à l'écran) ;
- **des ponts** : « *Pont de Grenelle* » (séq. 24, p. 29) ; « *Pont du Carrousel* » (séq. 32, p. 46) ;
- **des lieux divers** : « *le marché Vernaison* » (séq. 24, p. 27) ; « *Quai de Seine (près des arches du Pont Alexandre-III)* » (séq. 24, p. 28) ; « *Berges de la Seine* » (séq. 30, p. 43) ;

---

1. Michel Bigot, *Zazie dans le métro de Raymond Queneau,* Gallimard, collection « Foliothèque », p. 97.
2. *Avant-Scène cinéma n° 104,* juin 1970.

« *Square Saint-Vincent-de-Paul* » (séq. 36, p. 49; séq. 41, p. 50); « *la rampe des escaliers des boulevards (trottoir de "Bonne Nouvelle")* » (séq. 43, p. 51), « *Trottoir, côté Moulin Rouge* » (séq. 46, p. 52).

Dans le film, un traitement visuel particulier est réservé à la tour Eiffel, dont la forme plastique figure et synthétise la ville de Paris (et au-delà, la France). À l'attaque de la séquence 29, défilent neuf plans très courts de la Tour vue sous différents angles*[1]. Le découpage technique précise : « *Différents plans de la tour Eiffel, en plongée, en contre-plongée, inclinée dans le cadre à gauche, puis à droite. Elle semble énorme, solitaire, baroque, telle qu'elle est, en fait, se détachant sur un ciel très pâle*[2]. » Comme on l'a dit plus haut, l'image au cinéma a la particularité de montrer, raconter et décrire de manière concomitante. Ainsi, selon Christian Metz[3], lorsqu'une suite de plans montre, d'une manière marquée, un même élément (objet, espace, personnage), il est possible de parler de « syntagme descriptif ». Le temps de la narration (et donc de la projection) de ce groupe de plans concorde avec un arrêt de la fiction. Autrement dit, plus rien n'est raconté durant ce temps et seule prévaut l'exhibition affichée de l'objet. Or, si la première condition se vérifie dans la séquence 29 (durant celle-ci la fiction piétine), la seconde pose problème dans la mesure où le réalisateur vise moins à *décrire* un monument connu de tous que de jouer avec les formes plastiques de ce dernier. En multipliant les prises de vue, les angles et l'exhibition différente de l'objet dans le champ (jusqu'à l'inverser totalement au plan 8), **le narrateur filmique n'ambitionne pas de donner à voir mais, à**

---

1. Ils sont précédés d'un plan rapproché de Zazie qui regarde hors champ* vers le segment supérieur du cadre. Ils devraient donc correspondre à son point de vision.
2. *L'Avant-Scène cinéma*, n° 104, 1970, p. 35.
3. Grand théoricien français du cinéma.

l'instar d'un peintre, de composer un espace pictural original où la tour Eiffel, rendue presque méconnaissable, romprait avec ses représentations stéréotypées.

Au niveau narratif, le roman, encore une fois, ne nous renseigne qu'indirectement sur cet espace et la position des personnages : « [...] *Zazie examina ce qui se passait à quelque trois cents mètres plus bas* [...] » (p. 86), ce qui laisse supposer que les personnages se trouvent au moins au troisième étage.

À l'inverse, le film décline avec précision les différentes localisations de l'action[1] : « *Ascenseur de la Tour* », « *Deuxième étage de la tour* », « *Pied de la tour Eiffel* », « *Plate-forme* », « *escalier en vis* », « *au sommet de la tour Eiffel* », « *troisième étage* », « *Au bas de la tour Eiffel* », « *Pilier Nord de la Tour* ».

D'autres éléments de décors, récurrents dans le film, confortent l'*effet de réel* tout en conférant **une dimension esthétisante à l'espace parisien représenté**. Cette approche est essentiellement due, selon Philippe Collin[2], à la présence en tant que conseiller artistique du **photographe William Klein**.

1. **L'utilisation de palissades recouvertes de motifs graphiques** (lettres géantes noires, blanches, rouges sur des fonds monochromes de mêmes couleurs) apparaît à plusieurs moments du film (séq. 16, 24, à trois reprises). Outre le fait de créer une « unité visuelle » en balisant l'espace et en apportant une plus-value de couleurs aux tonalités ternes des décors naturels environnants, elles permettent de soustraire à la vue, momentanément ou non, des personnages et jouent en cela un rôle dramatique évident.
2. **L'utilisation de néons, d'enseignes lumineuses** est également une constante plastique dans le film lors des séquences

---

1. Les références qui suivent sont extraites de la séquence 29, p. 35 et 36.
2. Bonus du DVD *Zazie dans le métro*, « Le Paris de Zazie, entretien avec Philippe Collin ».

en extérieur-nuit (séq. 5[1], séq. 46, séq. 47, séq. 51). William Klein réinvestit là le travail qu'il avait effectué dans son premier court-métrage *Broadway by Light*, en 1957 : il y filmait une succession rythmée d'enseignes publicitaires lumineuses, le soir venu. **Si Paris se montre, comme on l'a dit, Paris s'écrit aussi grâce aux lettres lumineuses des néons.** Cet élément de décor sert, lui aussi, à des fins dramatiques et expressives. Dans l'appartement de Gabriel (séq. 6), les visages des personnages se colorent de bleu, de jaune ou de rouge en fonction des modulations des néons extérieurs. Ainsi, ces lumières directionnelles* établissent un*e liaison entre l'intérieur (le champ) et l'extérieur (le hors-champ) ; entre le « salonsalamanger » visible et le Paris invisible qui se prolonge au-delà des limites du cadre.* Elles forment une empreinte du dehors sur le dedans, qui nous enjoint de reconstituer imaginairement l'environnement fictionnel proche (la rue) et plus lointain (Paris).

3. **Les colonnes publicitaires Morris**, placardées de motifs graphiques colorés, apparaissent plusieurs fois. Mobilier urbain emblématique de Paris, elles constituent des balises visuelles.

2. Espaces parcourus

Déplacements, itinéraires, odyssées

Selon Raymond Queneau,

« *Toute grande œuvre est soit une* Iliade, *soit une* Odyssée, *les odyssées étant beaucoup plus nombreuses que les iliades : le* Satyricon, La Divine Comédie, Pantagruel, Don Quichotte•, *et naturellement* Ulysse [...] *sont des odyssées, c'est-*

---

1. Le découpage indique : « *Plan général de la place, orienté vers les néons publicitaires, les enseignes de cabarets, qui illuminent par intermittence la nuit avec des couleurs très changeantes* » (p. 16).

à-dire des récits de temps pleins. Les iliades sont au contraire des recherches du temps perdu : devant Troie, sur une île déserte ou chez les Guermantes[1] ».

Cette définition est explicitée par Francis Vanoye[2] :

« L'histoire assimilable à une odyssée, postule un voyage, un itinéraire, une marche (... on ne revient pas en arrière; où l'on passe, on ne revient pas... On abandonne les lieux... c'est le personnage qui avance...); l'histoire verticale comporte le retour en un point, le va-et-vient. » Francis Vanoye précise encore : « [...] les iliades évoquent un lieu clos, interdit ou défendu, convoité, où il s'agit de pénétrer ou dont il s'agit de sortir [...]. Les odyssées sont des voyages, des errances, plus ou moins mouvementés, agrémentés d'aventures, de rencontres, tendus vers un but [...]. L'odyssée n'est pas seulement liée à l'aventure, à l'atteinte d'un but au travers d'obstacles, mais aussi à la quête de sens ou d'identité. Le temps y est irréversible. Les personnages, pris en un point, sont conduits vers un autre : ils vivent, ils vieillissent. »

Qu'en est-il donc de Zazie dans le métro de Queneau et de sa transposition filmique ? Sont-ils une odyssée ou une iliade ? Si l'on reprend les différents éléments de cette définition en les appliquant aux contenus des œuvres, on pourrait être tenté de répondre, d'emblée, qu'elles ressortissent à la fois de ces deux types de structures. Ce sont des iliades dans la mesure où, comme on l'a dit et comme on le verra[3], l'histoire se déroule en un lieu unique et « clos » (Paris) dont il s'agit pour l'héroïne d'atteindre le cœur : le métro. Pour autant, ce sont également des odyssées. D'une part, parce qu'il y a bien, chez cette jeune adolescente, une « quête de sens [et] d'identité » à l'œuvre, d'autre part, parce que son voyage dans la capitale n'est qu'une succession de déplacements.

---

1. Raymond Queneau, *Bâtons, chiffres et lettres*, 1950-1965, noté *BCL*.
2. Francis Vanoye, *Scénarios modèles, modèles de scénario*, Nathan Université, 1993.
3. Voir « Espaces symboliques, paraboliques, métaphoriques » p. 108 de ce volume.

Des déplacements incessants

En premier lieu, on peut remarquer que du premier au dernier chapitre (de la séquence d'ouverture à la séquence finale), les personnages, et Zazie au premier chef, sont en perpétuel mouvement.

Si l'on ne retient que les chapitres où Zazie est présente, on constate que le plus grand nombre d'entre eux (10 sur 16) indique, de manière explicite ou non, des déplacements d'un lieu à un autre (cf. carte des déplacements de Zazie).

Six autres chapitres sont presque intégralement consacrés à des étapes, des haltes qui ponctuent la progression selon un principe d'alternance très régulière, dès le chapitre 5. Zazie s'arrête ainsi à l'appartement de son oncle et sa tante (chap. 2 et 6), en un endroit indéterminé non loin de la Gare d'Orsay (chap. 9), à la terrasse du Café des Deux Palais (chap. 11), au Mont-de-Piété (chap. 14), aux Nyctalopes (chap. 17).

Le tableau ci-dessous permet de visualiser cette alternance de haltes (notées « H ») et de départs (notées « D »).

Chap. 1	2	3	4	5	6	8	9
D	H	D	D	D	H	D	H
10	11	12	14	16	17	18	19
D	H	D	H	D	H	D	D

Toutefois, au sein même de ces chapitres, les déplacements de Zazie et/ou des autres personnages à l'intérieur de ces espaces uniques ne sont pas absents, loin s'en faut. Entre autres exemples, on pourrait mentionner :
- **au chapitre 2**, de multiples entrées et sorties du « salonsa-lamanger » : celles de Marceline, de Zazie, de Turandot ;
- **au chapitre 9**, de nombreux mouvements périphériques à Zazie, qui font suite à sa descente du bus : ceux de Gabriel (« *Quant à Fédor, les allées et venues de Gabriel le laissaient tout à fait indifférent [...]* », p. 101), ceux des touristes étrangers (« *Après les avoir regardés s'éloigner, Zazie eut un petit rire* » (p. 101), « *Les plus mordus d'entre les voyageurs, la*

dame francophone en tête, revenus de leur surprise, pourchassaient leur archiguide [...] », p. 106).

Les déplacements constants des personnages s'effectuent selon tous les rythmes possibles (de la marche à la course) ou, selon toutes les allures (du pas au galop en passant par le trot). On pourra en donner quelques exemples :
- **le pas/la marche** : « En <u>marchant</u> un pied juste devant l'autre » (p. 30), « [Zazie] <u>marche</u> » (p. 56), « [...] *ils <u>marchaient</u> côte à côte lentement* » (p. 126) ;
- **le trot** : « *Zazie du coup <u>adopte le pas de gymnastique</u>* » (p. 32), « *[Zazie] reprend le <u>petit trot</u>* » (p. 56), « *[...] la veuve Mouaque [...] le pourchasse <u>au petit trot</u>.* » (p. 121) ;
- **le galop/la course** : « *Zazie <u>galope</u> derrière* » (p. 10), « *Zazie maintenant <u>court</u> bon train* [...] *mais Turandot <u>galope</u>* » (p. 32), « *Il abandonne son troisième verre* [...] *et <u>fonce</u>* » (p. 35), « *[Mado] <u>courut</u> pour faire les dix mètres qui séparaient l'échoppe de la Cave* » (p. 75), « *Trouscaillon et la veuve Mouaque <u>foncèrent</u> vers la conduite intérieure* » (p. 113) ;
- **des emplois métaphoriques** : « *s'envoler* » (p. 142, p. 191, etc.).

La transposition filmique proposée par Louis Malle reprend peu ou prou l'ensemble de ces éléments. En effet, si l'on exclut trois séquences de transition, mineures (séq. 5, 28, 54), les personnages se déplacent d'un lieu à un autre, plus des deux tiers du temps (36 séquences sur 54). Qui plus est, même lorsqu'il n'y a pas de réel trajet, très rares sont les séquences (ou segments de séquences) dans lesquelles les personnages sont totalement immobiles. Il s'en suit **une impression d'agitation permanente** exacerbée par l'usage quasi systématisé de l'accéléré. On mentionnera toutefois le traitement filmique spécifique qui est associé aux déplacements de la femme de Gabriel. Que « *la douce Albertine demeurée au foyer* » parcoure les couloirs de l'appartement ou les rues de Paris juchée sur son vélomoteur, elle est toujours filmée au moyen d'un *travelling arrière frontal**. Ce mouvement de caméra* semble tout à la fois signifier le hiératisme du personnage et constituer une traduction visuelle de sa caractéristique « douceur ».

Quand bien même, en ne retenant que les chapitres où Zazie est présente, le parcours de l'héroïne pourrait être schématisé. À l'instar de Victor Bérard qui proposa une carte géographique de l'itinéraire d'Ulysse[1], essayons modestement de reconstituer une carte des lieux parcourus par Zazie. Toutefois, eu égard à quelques absences d'informations notables (quartier de la maison de Gabriel et du bistrot Turandot, Porte de la ville rejointe, etc.) celle-ci ne peut être qu'imparfaite.

Trajet n°	Lieu de départ _ Lieu d'arrivée	Chapitre(s)/ pages concerné(s)
1	Gare d'Austerlitz _ Tabac du coin _ Bar Turandot _ Maison Gabriel et Marceline	Chap. 1
2	MAISON DE GABRIEL ET MARCELINE	Chap. 2 – Chap. 3 (p. 19-31)
3	Maison Gabriel et Marceline _ Rues _ Porte de la ville _ Bouche de Métro _ Premier Bistro venu _ Marché aux Puces _ Café Restaurant	Chap. 3 – Chap. 5 (p. 31-56)
4	Café Restaurant _ Rues _ Maison Gabriel et Marceline	Chap. 5 (p. 56-59)
5	Maison Gabriel et Marceline _ Tour Eiffel	Chap. 5 – Chap. 6 (p. 59-73)
6	Tour Eiffel _ (vers la Sainte-Chapelle?) Gare d'Orsay	Chap. 8 – Chap. 9 (p. 85-99)
7	Gare d'Orsay (descente du car) _ Terrasse du Café des Deux Palais	Chap. 9 – Chap. 11 (p. 99-119)
8	Terrasse du Café des Deux Palais _ Rue(s) entre « les Halles et le Château d'Eau »	Chap. 11 – Chap. 12 (p. 119-129)
9	Rue(s) entre « les Halles et le Château d'Eau » _ Brasserie du Sphéroïde	
10	Brasserie du Sphéroïde _ Mont-de-Piété	Chap. 12 – Chap. 14 (p. 129-151)
11	Mont-de-Piété _ Aux Nyctalopes	Chap. 14 – Chap. 17 (p. 151-179)
12	Aux Nyctalopes_ Métro_ Gare d'Austerlitz	Chap. 17 – Chap. 19 (p. 179-193)

---

1. *In* Homère, *Iliade-Odyssée*, Bibliothèque de la Pléiade, NRF, p. 1052-1053.

Deuxième partie. L'œuvre en examen

Carte de l'odyssée parisienne de Zazie

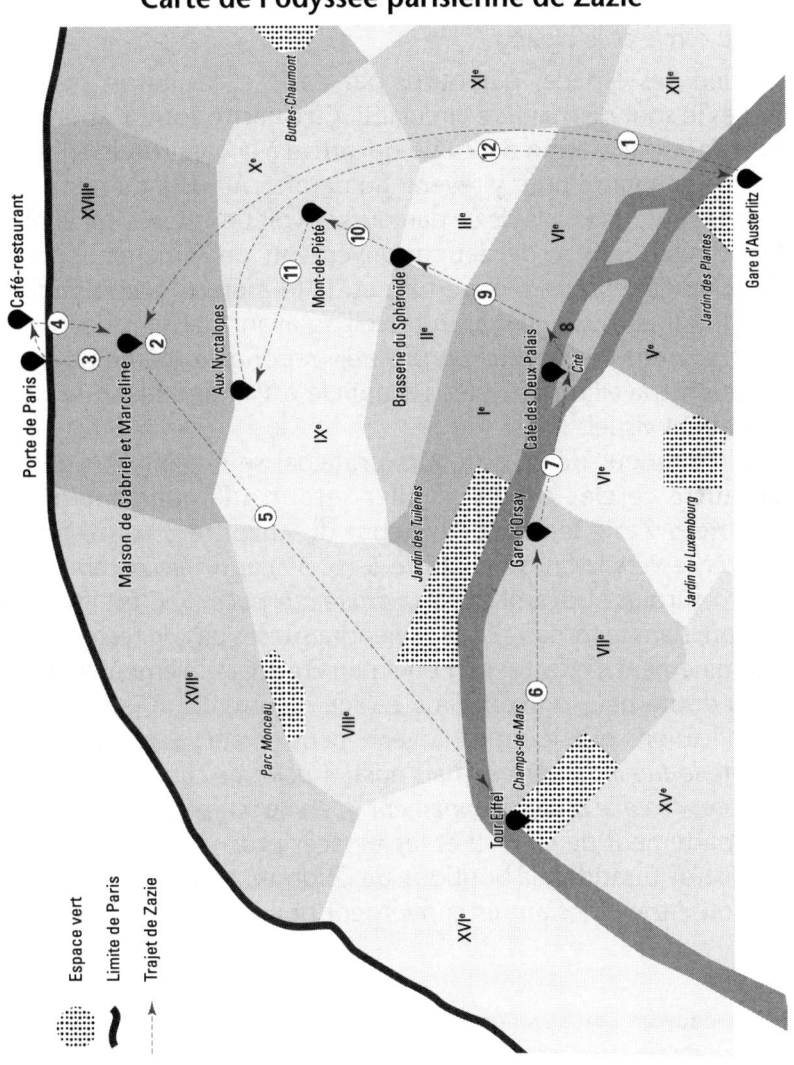

Types et formes de mouvements
Le cercle et le zigzag

Bien des espaces parcourus par Zazie et les autres personnages le sont de manière circulaire. **Circularité tout d'abord de l'errance parisienne de Zazie** qui arrive à la gare d'Austerlitz au premier chapitre pour y revenir au dernier. Au-delà du retour au même lieu[1], la boucle de ce parcours se voit transposée sur le plan filmique au moyen de deux mouvements de caméra* opposés dans les génériques d'ouverture et de fermeture, accompagnés de la même musique[2] : à un travelling avant* laissant découvrir « *un paysage de banlieue parisienne* » répond ce même paysage filmé en travelling arrière*. La boucle est refermée sur le plan narratif et visuel.

À l'intérieur de ce parcours principal se dessine et s'inscrit **un autre cercle : celui de l'aller-retour à l'appartement de Gabriel**[3]. Zazie le quitte au début du chapitre 3 (p. 31) et le réintègre vers la fin du chapitre 5 (p. 59) après avoir rencontré Pedro-surplus et déambulé à « *la foire aux puces* ». C'est l'unique fois où, dans le roman, Zazie reviendra sur ses pas ; le reste de son cheminement s'effectuera d'une manière irrésistiblement linéaire. Sans doute peut-on voir dans ce lieu récurrent, un jeu avec les significations que le mot « foyer » peut revêtir : « *lieu où vit, où habite la famille* » certes, mais aussi « *point de convergence* » ou encore « *source d'un rayonnement* », en l'occurrence, ici, spatial. L'appartement de Gabriel et les espaces proches qui le jouxtent (le bistrot Turandot, la boutique de Gridoux) représentent bien le lieu où Zazie et les autres convergent pour mieux en repartir.

---

1. La séquence 1 et la séquence 57 se déroulent sur « le quai de [la] gare ».
2. De « *style western* » précise le scénario (*Avant-Scène cinéma* n° 104, pages 10 et 62).
3. Trajets n°s 2 et 3 sur la carte proposée.

La circularité que peut prendre le déplacement est encore plus manifestement marquée dans le film. En effet les courses-poursuites qui opposent Zazie à Turandot (séq. 12) puis Zazie à Pedro-Surplus (séq. 24) se concluent en un même lieu : « *une avenue dont un côté est barré de palissades en raison de travaux* » (séq. 13 et séq. 25). La similitude spatiale est parachevée de manière invraisemblable par l'arrivée dans le champ d'un même camion rouge qui tente de se frayer un chemin parmi la foule en klaxonnant. Entre ces deux séquences circulaires, se forme alors une autre boucle dans la boucle. De fait, la seconde course-poursuite s'achève là où elle avait commencé : « *une passerelle à escalier vue en enfilade* ». Lors de cette longue séquence, les distances se trouvent déformées au point d'être presque abolies.

Tous les déplacements ne sont donc pas efficients et il en est qui s'avèrent moins rentables, plus gratuits que d'autres. Ainsi, peut-on remarquer dans le film de Louis Malle, une propension patente de quelques personnages à se déplacer moins pour avancer que **pour se mouvoir gratuitement dans l'espace** en une sorte de parcours spatial chorégraphique. À l'instar des « *tours et des détours* » qu'effectue Zazie pour échapper à Pedro au chapitre 5 (p. 56), plusieurs moments du film donnent à voir ces circonvolutions : les deux mêmes lors de leur course « *se poursuivent à l'accéléré en tournant en rond*[1] » (séq. 24) ; à son retour à l'appartement, Zazie « *tel un moustique tournoie de plus en plus vite* » autour de Gabriel, Pedro et Albertine (séq. 26) ; Mado, monologuant sur les qualités de Charles, improvise des allers-venues chorégraphiés sur l'escalier du bar de Turandot (séq. 27) ; choqué par les questions pressantes de Zazie, Charles quitte la tour Eiffel à bord de son taxi après avoir effectué plusieurs cercles (séq. 29), etc.

---

1. *L'Avant-Scène cinéma* n° 104, 1970, p. 28.

Par ailleurs, **l'avancée en zigzag se présente comme l'autre figure favorite des personnages**. Michel Bigot[1] avait déjà noté que la « ligne brisée » du zigzag, figurée par la forme même de la lettre « Z », constituait la caractéristique première des déplacements de Zazie : à plusieurs reprises celle-ci se déplace en alternant la direction de ses détours. On peut par exemple lire au chapitre 5 « *elle* [...] *file droit devant elle en zigzag, puis vire sec tantôt à droite, tantôt à gauche* » (p. 56). Il semble que cette particularité n'ait pas échappé à Louis Malle et Jean-Paul Rappeneau lors de leur travail de transposition. Toutefois, ils la généralisent aux autres personnages, et ce, de manière récurrente. Ainsi, dès la troisième séquence du film, « *le tac à Charles* » zigzague en accéléré dans les rues de Paris. Plus loin, pendant les courses-poursuites qui impliquent Zazie, se mêlent fréquemment aux mouvements circulaires déjà relevés des zigzags tout aussi peu motivés sur le plan de la vraisemblance : les personnages vont même suivre les lignes du carrelage du Passage du Grand Cerf (séq. 24).

Là encore, l'efficacité de la ligne droite n'est pas recherchée. Seul paraît primer le déplacement pour lui-même.

Mouvements ascendants et descendants

L'espace dans *Zazie dans le métro* se structure et s'étage également dans la verticalité. À partir d'un niveau qu'on pourrait qualifier de « zéro », le sol, celle-ci se décline en deux séries de lieux :
- **les lieux situés *plus haut*** : l'appartement de Gabriel et Marceline, la tour Eiffel ;
- **les lieux situés *plus bas***[2] : le bar de Turandot, le sous-sol du Sphéroïde.

---

1. *Zazie dans le métro de Raymond Queneau*, Foliothèque n° 34, p. 103.
2. Dont on exclut volontairement le métro dans la mesure où il fera l'objet d'un traitement indépendant (voir « Le métro : espace d'une quête/Abîme interdit » p. 111 de ce volume).

Que ceux-ci appartiennent aux « *régions inférieures* » (p. 67) ou aux « régions supérieures », il est troublant de constater que ce sont presque toujours en leur sein[1] qu'est évoqué le thème de la sexualité.
- **L'appartement** sert de scène à l'interrogatoire mené par Pedro-Surplus afin de déterminer « *l'hormosessualité* » de Gabriel (p. 63 et 65). Il est aussi le lieu d'une discussion aux accents lesbiens à peine voilés, entre Marceline et Mado (p. 143-146). Il est encore le théâtre de l'énonciation des intentions (de « *violation* ») non moins explicites de Pedro/Trouscaillon/Bertin Poirée (p. 160-165).
- **La tour Eiffel**, quant à elle, dont la forme phallique est suggérée par Gabriel[2], voit son troisième étage être le cadre des interrogations pressantes et déplacées de Zazie (p. 87-90).
- De la même manière, **le bar de Turandot** et **le sous-sol du Sphéroïde** servent, respectivement, à l'évocation de la lubricité supposée de Zazie[3] (p. 20) et à une demande de précision sémantique sur une série de synonymes[4] (p. 131).

La plupart de ces discussions se concluent par la fuite ou l'extraction d'un interlocuteur, qui, naturellement « (re)monte » ou « (re)descend » afin d'accéder au niveau du sol : Pedro est « *proje*[té] *vers les régions inférieures* » (p. 67) ; Marceline s'échappe par une fenêtre « *en s'aidant des harpes le long de la*

---

1. Exception faite du chapitre 9.
2. « *Je me demande pourquoi on représente la ville de Paris comme une femme. Avec un truc comme ça* » (p. 90).
3. « *[...] une petite salope [...] qui va pervertir tout le quartier. [...] En deux trois jours, elle aura eu le temps de mettre la main dans la braguette de tous les vieux gâteux qui m'honorent de leur clientèle.* »
4. « *Qu'est-ce que c'est au juste une tante ? Lui demanda familièrement Zazie [...] Une pédale ? Une lope ? Un pédé ? Un hormosessuel ? Y a des nuances ?* »

descente » (p. 165); Charles, victime du « *vertige* » que lui cause « *la mouflette* » « *redescen*[d] » (p. 90); gênée par la question de Zazie, la Veuve Mouaque « *remonte* » (p. 131).

Bien qu'il gomme la majorité de ces épisodes, le film en propose une sorte d'amalgame synthétique à la séquence 29. Alors que la descente de Charles est élidée au chapitre 8 (« *Il s'éloigne et quelque temps plus tard le revoilà à quelques mètres seulement au-dessus du niveau de la mer* », p. 90) et qu'elle résulte de la discussion, elle est expansée dans le film, se prolongeant le temps de cette dernière, en deux scènes qui entrecoupent le monologue de Gabriel. Filmée en accéléré (voire en « ultra accéléré »), elle devait paradoxalement paraître, selon les vœux du réalisateur, « interminable ».

Espaces de formation/espaces d'initiation

Ainsi donc, le périple parisien de Zazie relève bien du parcours odysséen. Les éléments définitoires dégagés par Francis Vanoye, que l'on peut reprendre ici, s'appliquent presque parfaitement aux deux œuvres, si on les module et précise quelque peu : « *un itinéraire, une marche* » incessante, effectuée horizontalement ou verticalement à divers rythmes dont les rares retours qui la composent servent à redynamiser son élan.

Zazie, mue par la nécessité impérieuse d'avancer, est un être *en* mouvement, un être *de* mouvement dont l'obsession et le mot d'ordre pourraient être résumés par la sentence « *il faut aller plus loin* » (p. 32)[1]. Cette propension à l'errance l'amène à franchir des espaces de rencontres, la conduit à la découverte de l'altérité et de l'éventuelle duplicité de certains individus.

Ainsi, **à l'itinéraire géographique de l'odyssée se superpose une odyssée plus intérieure**, un cheminement personnel

---

1. « [Zazie] *sait bien qu'elle est à Paris, que Paris est un grand village et que tout Paris ne ressemble pas à cette rue. Seulement pour s'en rendre compte et en être tout à fait sûre, il faut aller plus loin* » (p. 32).

jalonné de questions (et de débuts de réponses) d'ordre sexuel. La progression est à la source de sa transformation. D'évidence, Louis Malle était conscient de cette dimension odysséenne. La séquence 47, qui marque la fin de la déambulation pédestre de Zazie sur le boulevard de Clichy est accompagnée, dans le scénario, de la note suivante : « *on doit sentir qu'elle a changé ou plutôt qu'elle est en train de changer* ». Aussi était-elle en mesure d'affirmer, après cette évolution, à la dernière page du roman comme à la dernière séquence du film : « *j'ai vieilli* ».

De fait, **le déplacement n'équivaut pas au seul changement. Il correspond, de manière générale, au mouvement même de l'existence**, de la naissance à la mort, comme le déclame Gabriel du haut de la tour Eiffel[1] : « *Monter, descendre, aller, venir, tant fait l'homme qu'à la fin il disparaît.* »

3. Espaces symboliques, paraboliques, métaphoriques

Labyrinthes

Esseulée, livrée volontairement à elle-même, au matin du second jour de son voyage, du chapitre 3 au chapitre 5[2] (séquences 8 à 25), Zazie est confrontée à des configurations spatiales qui disposent de toutes les caractéristiques d'une structure labyrinthique. En effet, se dresse entre elle et l'objet de sa quête, le métro, l'enchâssement d'un dédale dans un autre dédale. Pour y parvenir, il lui faudra s'extraire de l'appartement de Gabriel puis s'opposer aux lacis des rues parisiennes.

L'appartement apparaît bien comme un enchevêtrement complexe de pièces, qualifiées d'« *oscur*[s] *et muette*[s] » (comme

---

1. Chapitre 8/Séquence 29.
2. Jusqu'à la page 59.

le sera le métro à l'avant dernier chapitre[1] !) et parfois même non identifiables, (« *cette autre pièce* ») coordonnées par une multiplication de portes indifférenciables (« *l'autre porte* », « *une troisième et autre porte* », « *encore une porte* »). Toutefois, même si le cœur de ce premier labyrinthe, « *le but de son escursion* » (p. 31), se révèle burlesque (il s'agit des « vécés »), son atteinte l'autorisera à accéder au dédale supérieur : l'extérieur.

Cette dimension dédaléenne n'est guère conservée dans le film. La séquence 8 ne montre aucunement l'avancée tâtonnante de Zazie dans les ténèbres et le silence car la scène, parcourue d'une musique *off* se déroule en intérieur-jour ! Bien que ses erreurs d'orientation aient été prévues dans le scénario (« *elle s'est trompée* » en ouvrant la porte-glissière de la chambre de Gabriel), celles-ci ne sont pas univoquement perceptibles : Zazie aurait pu vouloir vérifier que son oncle était bien endormi pour pouvoir fuguer.

Une fois « dehors », celle qui répondra à Pedro-Surplus « *je m'en fous des boussoles*[2] » (p. 46), aborde le grand labyrinthe qu'est cette ville inconnue avec la même désinvolture et le même arbitraire : « *Elle prit la première rue à droite, puis celle à gauche, et ainsi de suite jusqu'à ce qu'elle arrive à l'une des portes de la ville* » (p. 43). Dans les labyrinthes, tous les chemins mènent à une porte, serait-on tenter de dire. De la même manière, Zazie met à profit l'entrelacs des rues pour perdre son poursuivant, Pedro-Surplus, en « vir[ant] *tantôt à droite, tantôt à gauche* » et en « fai[san]t *des tours et des détours* ».

La transposition filmique de cette poursuite (séq. 24) traduit bien, en revanche, cet aspect labyrinthique. On dénombre en

---

1. « *Ils se retrouvèrent dans un couloir aux briques vernissées encore obscur et désert* » (p. 190).
2. Quand il lui précise que les surplus américains vendent « *des boussoles qui fonctionnent dans l'oscurité* » !

effet dans cette séquence centrale – et la plus longue du film – pas moins de vingt lieux différents (dont on a déjà noté la récurrence cyclique du premier et du dernier[1]). Il en résulte un effet kaléidoscopique et fragmenté de l'espace : on perçoit une prolifération de lieux dont rien n'indique qu'ils soient reliés par un chemin unique. Entre ces derniers donc, se trouvent d'autres espaces implicites de dimensions inconnues et des espaces marqués par la disjonction à l'instar de ceux qui composent un labyrinthe.

D'un point de vue symbolique, le labyrinthe est « *une figuration d'épreuves initiatiques discriminatoires, préalables au cheminement vers le centre caché*[2] » : le métro souterrain. De plus, « *le centre que protège le labyrinthe sera réservé [...] à celui qui, à travers les épreuves d'initiation (les détours du labyrinthe) se sera montré digne d'accéder à la révélation mystérieuse* ». Enfin, « *le labyrinthe conduit aussi à l'intérieur de soi-même, vers une sorte de sanctuaire intérieur [...]. On songe ici [...] aux profondeurs de l'inconscient.* »

Ces éléments rejoignent la thèse soutenue par Laurent Fourcaut à laquelle nous renvoyons[3].

Par ailleurs, ne pourrait-on voir, sans trop pousser l'interprétation, dans les pas virevoltants que Zazie et Pedro effectuent durant leur course-poursuite[4] (séq. 24), une référence à la danse de la grue, inventée par Thésée pour célébrer sa fuite du labyrinthe[5] ?

---

1. Voir « Le cercle et le zigzag » p. 102 de ce volume.
2. J. Chevalier, A. Gheerbrant, *Dictionnaire des symboles,* Robert Laffont, coll. « Bouquins », p. 182-184.
3. Dans son dossier annexé au roman p. 223-233 (édition Folio Plus).
4. Le scénario reporte à ce sujet (p. 28) : « [...] *une course zigzagante en raison des carrelage. On dirait presque qu'ils dansent un ballet très rapide.* »
5. Comme le dit Plutarque dans *Les Vies des hommes illustres,* tome premier *Vie de Thésée,* XIX (trad. D. Ricard) : « Thésée, étant parti de Crète, alla débarquer à Délos. Là, après avoir fait un sacrifice à Apollon et consacré une statue d'Aphrodite qu'Ariane lui avait donnée, il exécuta, avec les jeunes Athéniens

Remarquons que Zazie n'est pas seule à subir les difficultés du « *dédale lutécien* » (p. 106). Pedro avoue à Gridoux qu'il s'est « *perdu* », dans tous les sens du terme (p. 82), alors que trois chapitres plus tard, sous les traits de Trouscaillon, il indiquera au Sanctimontronais un chemin des plus tortueux menant à la Sainte-Chapelle. De même, Gabriel se montre totalement désorienté, au sortir… de son propre appartement : « *Il ne sait s'il doit aller au nord ou au midi car la rue est ainsi orientée* » (p. 41).

Le métro : espace d'une quête/« abîme interdit »

Au cœur du « *dédale lutécien* », au-delà des sous-sols accessibles, se cache l'objet principal de la quête de Zazie : un espace sanctifié à côté duquel les espaces profanes qui la protègent ne représentent guère d'intérêt à ses yeux et dont l'obsession est signifiée et résumée au moyen d'une négation restrictive : « *Tout ça, dit Zazie, c'est misérable. Moi je n'aime que le métro* » (p. 117).

Pourtant, à l'inverse de ce qu'un titre programmatique laissait supposer au lecteur/spectateur, **ce métro sera pour elle une expérience finale, unique et inconsciente**. Certes, elle y accédera physiquement mais ne l'éprouvera pas sensuellement : cet espace demeurera, en partie, un « *abîme interdit* ». Là encore, **la symbolique attachée à ce type de lieu, comme à celui de la caverne, est riche et proliférante. L'abîme et la caverne renvoient aux** « forces de l'inconscient *et de ses dangers* ». Ils symbolisent également les « origines », « *l'archétype maternel* », un ventre permettant une « *renaissance* », au sens de « nouvelle naissance », qui « *avale les êtres pour les recracher transformés* ».

---

qui l'accompagnaient, une danse qui est encore en usage chez les Déliens ; les mouvements et les pas entrelacés qui la composent sont une imitation des tours et des détours du labyrinthe. Cette danse, au rapport de Dicéarque, est appelée à Délos, la Grue. »

Deuxième partie. L'œuvre en examen

Aussi sont-ils un « *lieu de l'identification* » au sein duquel « *l'individu devient lui-même et parvient à la maturité*[1] ».

C'est donc cette quête de la maturité (sexuelle entre autres) que poursuit Zazie et qu'elle atteindra au *terminus* de son itinéraire. Avant cela, il restera inaccessible et soustrait à la vue : « *la grille était tirée* [...] *La grève continuait. Une odeur de poussière ferrugineuse et déshydratée montait doucement de l'abîme interdit* » (p. 43-44).

Dans le film, le métro relève aussi d'un espace refusé (cf. p. 92), rejeté dans le hors-champ diégétique*, dont Zazie, l'oreille collée au carrelage des « *vécés* », perçoit la présence lointaine par le son (hors-champ), à la séquence 8[2]. De même, à deux reprises[3] l'inviolabilité du lieu est manifestée. À la séquence 2, Zazie « *se jette sur les grilles fermées* » et « [*les*] *secoue* [...] *rageusement* ». À la séquence 17, Zazie réitère sa tentative : un plan d'ensemble nous la montre courir et secouer les portes d'accès ; un contrechamp* suit et nous place alors de l'autre côté de ces dernières, Zazie nous faisant face ; puis Zazie sort du champ par la gauche, la caméra effectue un panoramique (couplé à un *travelling* avant) pour nous la révéler tambourinant sur les vitres d'une autre porte d'accès.

Ce plan, de par le point de vue et le surcadrage* qu'il construit connote tout à la fois l'interdiction de l'abîme qui fait face à Zazie, l'impossibilité de franchir des seuils protecteurs et l'enfermement, presque oxymorique, à l'extérieur.

---

1. « *Zazie finit par faire partie du monde des adultes* », affirme Louis Malle (*Avant-Scène cinéma*, n° 104, p. 9).
2. Le scénario précise (p. 19) : « *Elle sourit et imagine qu'elle entend le bruit de métro* ». Cette nuance n'est cependant pas compréhensible dans le film dans la mesure où il nous est impossible de différencier un son perçu de manière interne (imaginé) et un son perçu de manière neutre (réellement). La grève aurait très bien pu en effet cesser du jour au lendemain.
3. Une seule fois dans le roman.

Le détroit de Messine et Paris-Babylone

Selon son propre aveu, Louis Malle a voulu faire de son adaptation du roman de Raymond Queneau « *une parabole poétique sur l'horreur du monde moderne et de la vie dans les villes*[1] ». On pourrait ainsi légitimement s'interroger sur les raisons qui ont poussé le cinéaste à adopter cette lecture – partisane – ainsi que sur les moyens expressifs qu'il a mis en œuvre pour la réaliser.

Il semble en effet difficile, à première vue, d'estimer que Raymond Queneau ait poursuivi le même objectif dans son roman. Si les thèmes de la modernisation de la société et de son américanisation en cours affleurent dans le roman[2], on ne peut pour autant affirmer qu'ils forment une critique (même sous-jacente) constituée.

Un thème parcourt régulièrement le chapitre 10, ayant partie liée avec « *l'horreur moderne* » évoquée par Malle : **les embouteillages parisiens**. Après que le narrateur a indiqué l'origine de ce « *magma des encombrements* » (« *À cause de la grève des funiculaires et des metrolleybus, il roulait dans les rues une quantité accrue de véhicules divers* […] », p. 110), il l'évoque en deux temps de deux manières différentes :
- en l'assimilant métaphoriquement aux **flux et reflux de liquides (organiques ?) qui s'épanchent et se solidifient alternativement** (« *L'encombrement avait dû se débouchonner quelque part, une dégoulinade de véhicules s'écoulait lentement devant le flicmane* […]. *Puis de nouveau le flot se raréfia, une coagulation ayant dû se produire quelque part* », p. 111) ;

---

1. Entretien donné au journal télévisé du 26 octobre 1960 (disponible sur le site de l'INA *www.ina.fr*).
2. Nous renvoyons aux pages 226-228 du dossier de Laurent Fourcaut de l'édition Folio plus.

– puis, plus loin, en usant de **personnifications et d'hyperboles pour caractériser le** « vacarme » **produit** : « *des claquesons râlaient* », « *hurlaient de plus en plus fort* » (p. 115), « *une explosion d'avertisseurs sonores* » (p. 116), « *poussé en quelque sorte devant lui par les vibrations de l'air* » (p. 116).

Louvoyant autour des personnages, **l'embouteillage apparaît tel un monstre marin (et urbain) mythologique** que ceux-ci tentent de fuir en embarquant à bord d'une « *conduite intérieure* » ou de faire fuir grâce au dérisoire sifflet du héros burlesque Trouscaillon. Si nous poursuivions la comparaison avec le périple odysséen, nous serions peut-être même autorisés à voir ici, dans ces deux pôles, les figures de Charybde et Scylla, deux monstres marins veillant sur le détroit de Messine[1]. En effet, alors que Charybde est un tourbillon qui engloutit ceux qui passent à sa portée, Scylla « *la terrible aboyeuse* » signale sa monstruosité par des hurlements.

Louis Malle, quant à lui, se saisit du **thème de l'embouteillage** pour l'ériger en **allégorie des affres de la modernité urbaine**. On notera la forte récurrence (de la séquence 29 à 31) de plans larges* à vocation descriptive[2] et/ou transitionnelle montrant l'agglutination de véhicules et laissant entendre un « *magma sonore à base de klaxons innombrables, déchaînés*[3] ». Ces plans constituent une sorte de *leimotiv* visuel et sonore qui exprime la dimension chaotique de la ville et de la vie moderne. Noyé dans la multitude, l'individu se dissout ; prisonnier de ses semblables dans l'accumulation, il subit **la tyrannie concentrationnaire de la ville**.

---

1. Selon Victor Berard.
2. Et peut-être même argumentative.
3. *L'Avant-Scène cinéma,* n° 104, 1970, p. 42.

D'un point de vue plus général et formel, Louis Malle dit « *ce côté horrible de la ville*[1] » en proposant très fréquemment dans son film « un écran rempli » par des formes en mouvements, autrement dit **un espace visuel (un champ*) saturé, plein et couplé à une bande-son oppressante**, faite d'un assemblage de paroles parfois inaudibles[2], de bruits divers et de musiques.

On donnera pour exemple :
- **la séquence 2** où le taxi de Charles est pris d'assaut par un groupe vociférant ;
- **la séquence 13 et la séquence 25** où Zazie et ses poursuivants (respectivement Turandot et Pedro), se retrouvent « *au centre d'un cercle de moralistes sévères* » (p. 32) ;
- **la séquence 29** (la scène de l'ascenseur de la tour Eiffel) où Zazie, Gabriel et Charles sont enserrés par un groupe de touristes de toutes les nationalités qui produisent « *un brouhaha très fort de langues étrangères diverses*[3] » ;
- **la séquence 32** où le bus de Fédor, pris l'instant d'avant dans les embouteillages, s'engage dans une rue « *absolument vide de voitures* », mais où « *quelques secondes après, cinquante voitures en rangs serrés envahissent la rue et remplissent l'écran*[4] ». On notera que Louis Malle et Jean-Paul Rappeneau indiquent explicitement cette **saturation du champ**, expression du chaos urbain ;
- **la séquence 47** où Zazie déambule dans la masse compacte formée par la foule sur les trottoirs de Pigalle ;

---

1. *Ibid.*, p. 9.
2. Car accélérées.
3. *Avant-Scène cinéma*, n° 104, p. 35.
4. *Ibid.*, p. 46.

- **la séquence 49** où la loge exiguë de Gabriel est submergée par tous les personnages dans « *un dialogue pratiquement inaudible* », « *un brouhaha de plus en plus énorme*[1] » ;
- **la séquence 51**, moment de la bagarre finale où le champ est totalement empli à partir de l'avant-plan proche, dans un tumulte sonore assourdissant.

Espaces-décors (détruits)

L'espace, dans le film, peut aussi **s'exhiber métaphoriquement** comme un décor, plus précisément comme un artifice décoratif. C'est le cas lors de cette même bagarre générale (séq. 51).

Dans l'affrontement contre les loufiats du restaurant-brasserie au décor rutilant et coloré, typique du *design* des années 1960, les murs cèdent progressivement la place, inexplicablement, à un autre lieu. Les scénaristes notent :

> « *On découvre que derrière tout ce clinquant, il y a tous les éléments caractéristiques d'un décor 1900 : fresques, moulures, caissonnages, lampe à gaz allumées [...]. Tout se passe comme si les murs du décor moderne avaient été rapportés sur les anciens, sans que rien du vieux décor n'ait été détruit*[2] ».

Quelques instants plus tard, la milice de Trouscaillon/Aroun Arachide passée à l'attaque, « *le décor 1900 cède à son tour. Mais il n'y a rien derrière, sinon les murs du studio*[3]. »

Ainsi, par deux fois, **la fonction réaliste du décor et** l'effet de réel **qui lui est lié sont bafoués** par l'exhibition d'un espace qui s'affirme comme fictif et mensonger. Comme devant la réduplication de l'église Saint-Vincent-de-Paul (cf. p. 92), on pourrait s'écrier, en compagnie de Gabriel : « *Tout ça c'est du bidon !* », tout ce qui nous est donné à voir « *c'est du cinéma* », selon l'emploi familier du terme.

---

1. *Ibid.*, p. 54.
2. *Avant-Scène cinéma*, n° 104, p. 60.
3. *Idem.*

La déconstruction de ce décor accompagne ainsi l'illusion du procédé cinématographique alors que s'opère une distanciation qui nous fait dire : « Nous sommes au cinéma. »

III. Les personnages : du roman au film

Marie-Noëlle Campana

1. Remarques préliminaires

Zazie dans le métro met en cause les fondements de la création romanesque à travers sa structure, son intrigue réduite et son traitement si particulier de la langue. Les différents personnages participent à cette vaste entreprise de subversion. Dans le roman traditionnel, l'art du romancier consiste à donner l'illusion de la vie à ces personnes imaginaires en leur inventant un passé, un physique, une psychologie et un nom, si bien que le lecteur éprouve pour eux, comme pour des êtres réels, de la sympathie ou de l'antipathie. Il faut que le lecteur croie à cette existence fictive et, pour atteindre cet objectif, Balzac souhaitait « *faire concurrence à l'état-civil* ».

Zazie dans le métro met en scène de nombreux personnages, sans grande description physique, avec quelques détails visuels qui faciliteront les adaptations : Gabriel est un « *colosse* » avec une pochette de soie mauve, Zazie « *une mouflette, une enfant* », Charles « *Pas trop vieux. Pas trop jeune* » (p. 76). Queneau caractérise aussi la veuve Mouaque par ces mots : « *la vieille, la bourgeoise, le vieux débris, la moche* » ; le perroquet Laverdure, est, comme son nom le suggère, vert.

D'autres personnages, difficiles à identifier, ont une présence épisodique, comme des silhouettes un peu collectives, des figurants : les touristes, les passants « *les passants, c'est tous des cons* » (p. 13), les « *hanvélos* » ou les conducteurs de voiture pris dans les embouteillages. Les autres, à l'existence plus intégrée dans la narration, ont une identité incertaine et seuls Jeanne Lalochère et Fédor Balanovitch possèdent un état-civil.

Les héros principaux n'ont qu'un prénom, Zazie, Gabriel, Marceline, Charles, voire un seul nom, Turandot, Gridoux, Trouscaillon, Laverdure. D'autres sont surnommés, comme Mado-petits-pieds qui ne récupère son véritable prénom qu'à partir du dialogue qui annonce son mariage : « *Alors ça y est ? l'affaire est dans le sac ? et comment, dit Madeleine. Bonne idée dit Turandot.* […] *mais ça m'embête de perdre Mado.* […] *mais c'est que je resterai, dit Madeleine* » (p. 142) ; de même, la veuve Mouaque – qui s'« *appelle Mouaque comme tout le monde*[1] » (p. 109). Elle explique son nom farfelu au moment de disparaître du roman « *c'est bête,* […] *moi qu'a-vais des rentes* » (p. 188).

Elle émerge en effet de la foule de figurants et ne devient personnage à part entière que lorsqu'elle s'immisce dans la conversation entre Zazie et Gabriel (p. 102), défendant la langue française, offusquée des grossièretés de Zazie. Sa défense de la langue française, justement, s'effondre à la fin du roman (« *tous les gens sont des cons* »), comme si le langage de Zazie avait contaminé le sien, unifiant linguistiquement les personnages, et intégrant parfaitement la veuve dans la narration. Ces deux héroïnes, Mado et la veuve Mouaque, montrent à quel point les personnages queniens sont avant tout des **personnages de langage** à imaginer.

2. Étude des personnages du roman

Jeanne Lalochère

La mère de Zazie semble un personnage secondaire mais en réalité elle joue un rôle essentiel dans le roman, qu'elle ouvre et qu'elle clôt. Responsable du séjour de sa fille à Paris, elle reste

---

1. Érik Satie disait s'appeler « *Érik Satie comme tout le monde* ».

en filigrane malgré son absence, accaparée par ses « Jules ». Son prénom, Jeanne, semblable à celui d'une demoiselle de magasin des parents de Queneau au Havre, rappelle aussi celui de Jeanne d'Arc, le personnage historique préféré de Queneau si l'on se réfère à ses réponses au questionnaire de Proust. Son nom Lalochère provient du verbe « *locher* », du patois cauchois, qui signifie « faire tomber les fruits de l'arbre ». Mais surtout, l'argot révèle un autre sens au verbe, « branler ». Entre la demoiselle de magasin qui excite le jeune Queneau[1], la pucelle et la branleuse, Jeanne Lalochère est fortement définie par la sexualité et n'hésite pas à se séparer de sa fille pour passer un week-end d'amour avec son « *poupart* [...] *d'un bête avec ça* » (p. 192). En revanche, a-t-elle vraiment tué son mari, avec l'aide de Georges son amant ? Ou n'est-ce qu'un récit fantasmé de Zazie, qui s'imagine être « comme au cinéma » ?

Fédor Balanovitch

C'est le guide et le seul homme qui fait taire Zazie : « *Laisse causer les hommes* » (p. 122). D'où lui vient cette autorité ? De son nom ? Ce patronyme désigne mot à mot « le fils du gland », donc un chêne en devenir. Or, le chêne appartient à la mythologie personnelle de Queneau parce que *quen* signifie à la fois « chêne » et « chien » en patois normand. Queneau se désigne comme être double, partagé entre deux tendances : d'une part, le Chien sauvage, attiré par l'ordure, la crasse et le désordre et d'autre part, le Chêne, « noble et grand », « fort et puissant ». Son prénom, rattaché à Théodore, « don de Dieu », confirme également cette grandeur. Mais son nom renferme tout de même la dualité onomastique de Queneau car la racine « bala » figure dans le roman avant l'apparition de Fédor. Lorsque Trouscaillon

---

1. « Jeanne [...] qui montai(en)t à l'échelle avec nulle vergogne/en montrant leurs jupons », *Chêne et chien*, p. 6.

ramène Zazie, il menace Gabriel d'« *hypospadie balanique* », le mot gland désigne alors la partie du sexe masculin[1]. Est-ce parce que son nom a une composante sexuelle que Fédor « *connaît la vie* » (p. 124), et qu'il ne condamne pas l'homosexualité de Gabriel ?

Trouscaillon

« Personnage essentiel » selon Queneau[2], il apparaît dans le roman aux alentours de « la foire aux puces », par étapes descriptives successives :

> « *Zazie fut distraite [...] par la perception d'une présence [...] il se produisit des mots, émis par une voix masculine prenant son fausset [...] Zazie se tourna vers le type [...] il était affublé de grosses bacchantes noires, d'un melon, d'un pébroque, de larges tatanes noires* » (p. 44).

Cette approche séquentielle quasi cinématographique ne trompe pas Zazie qui voit immédiatement en lui « *un acteur de l'ancien temps*[3] » et annonce la supercherie : le personnage joue un rôle. Effectivement, « *le type* » (est-ce un passant qui entre dans la narration ?) se retrouve dans le roman sous différentes identités et situations. Son premier nom, **Pedro-Surplus**, se justifie par la proximité des Puces, « *je ne suis qu'un pauvre marchand forain* », dit-il, mais lorsqu'il ramène Zazie, elle le traite de « *pauvre flic* », et effectivement, il enquête auprès de Gridoux sur Gabriel, réapparaît en « flic » sous le nom de **Trouscaillon** – « *la trouscaille* » –, formé des termes d'argot « trousser » (posséder une femme) et de « caille » (femme, déjection). On peut voir aussi une altération du verbe argotique « rouscailler » à la double signification :

---

1. Hypospadie : malformation. Trouscaillon sous-entend que Gabriel a une malformation de la verge...
2. *Lectures pour tous*, émission citée.
3. Zazie reconnaîtra encore l'acteur lors de sa deuxième tentative d'accusation de satyrisme : « *au cinéma on ne fait pas mieux* » (p. 58).

« Parler. Les voleurs en ont fait le synonyme d'*aimer*, mais pas dans le sens platonique[1] ». Le nom de Trouscaillon indique donc un personnage libidineux[2], qui joue du langage pour se jouer des autres. Mais le mot « trouille » s'entend aussi dans ce patronyme. Ce qui permettra à Trouscaillon de dire « *galamment* » à Marceline « *je vous fous la trouille, hein ?* » comme si le nom engendrait les paroles – et les actes – du personnage. Il se nommera ensuite **Bertin Poirée**, du nom d'une rue parisienne, afin de bien situer l'espace parisien du roman, et de se fondre parfaitement dans le décor pour mieux surveiller (ou nuire à) ses compatriotes. Puis, dernier avatar, Trouscaillon se métamorphose en **Aroun Arachide**, « *le pébroque accroché à son bras* [à la tête de] *deux divisions blindées de veilleurs de nuit et* [d']*un escadron de spahis jurassiens* » (p. 186). Désireux de « *réapparaître en triomphateur* », il ne réussira qu'à provoquer la mort de la veuve Mouaque au cours d'une fusillade dans le cabaret où se produit Gabriel.

Aroun Arachide rappelle bien évidemment le calife de Bagdad, Haroun-Al-Rachid, inspirateur de quelques contes des *Mille et Une Nuits*. Personnage fameux pour son érudition, sa générosité envers les artistes, sa préférence pour les belles adolescentes[3], le calife aimait à se promener incognito dans les rues, déguisé en… marchand ; il extermina sa famille pour accroître son pouvoir. Ce massacre a peut-être inspiré la spectaculaire échauffourée finale des Nyctalopes.

---

1. *Dictionnaire d'argot des voleurs*.
2. Cf. sa courte aventure avec la veuve Mouaque et sa tentative de séduction de Marceline. Le narrateur le qualifiera de « *fligolo* », contraction de « flic » et de « gigolo » (p. 130).
3. Zazie le traite immédiatement de « satyre ». Bien qu'elle soit obsédée par les questions sexuelles, elle reconnaît en Trouscaillon le salace.

Turandot

Il est le « *proprio* » (p. 28) de l'immeuble où logent Gabriel et Marceline, et il tient le café *La Cave* au rez-de-chaussée. Dans les années d'après-guerre, les immeubles de location étaient composés de meublés avec au rez-de-chaussée, un café, dont le tenancier était le plus souvent le propriétaire. Cette configuration du lieu accroît le réalisme de l'espace parisien voulu par Queneau. Traité d'« *andouille* » par Gabriel (p. 141) ou de « *con* » par Mado (p. 149) ou Gridoux (p. 181), berné par Zazie lors de sa fugue, il joue un rôle central dans l'espace du roman : son établissement, lieu de rencontre des différents personnages, résonne de toutes leurs paroles, ponctuées par l'incessant « *tu causes, tu causes, c'est tout ce que tu sais faire* » de Laverdure. Son patronyme provient du nom d'une fable tragi-comique du dramaturge Carlo Gozzi, *La Turandot*[1]. Turandot étant une princesse chinoise cruelle qui décapite ses prétendants. Ici, Queneau joue sur le mot « décapitation », Turandot ne coupant que les carafes, autre nom de la tête en argot ! D'autre part, la paronymie[2] tirant d'eau/Turandot insinue peut-être que le cafetier coupe aussi son vin...

Laverdure

Son nom en forme de contrepèterie signifie « vert d'allure » et Turandot l'appelle notamment sa « petite poule verte » (p. 184). On retrouve à nouveau Carlo Gozzi, auteur d'une fable en prose *L'Oiseau vert*, où le prince transformé en oiseau, révèle des secrets et remet de l'ordre dans une situation particulièrement confuse. De plus, Queneau a pu être influencé par deux films de 1935 qui pourraient éclairer autrement la présence du perroquet : *Turandot, princesse de Chine*, de Gérard Lamprecht, où le fils de la princesse est oiseleur, et *Un oiseau rare*, un film français écrit par Jacques

---

1. Encore intitulée *La Princesse Turandot*. La pièce a été créée en 1762.
2. Mots dont l'écriture ou la prononciation est très proche.

Deuxième partie. L'œuvre en examen

Prévert et réalisé par Richard Pottier[1]. À moins que Raymond Queneau ne se souvienne du perroquet blasphémateur de *L'Île au trésor*[2] ou du conte d'Alphonse Allais, *Le Singe et le perroquet*[3]... Quoi qu'il en soit, Queneau commente lui-même ce personnage « *c'est une invitation au silence d'abord* [...] *Le perroquet intervient chaque fois qu'une discussion commence* [pour que] *les gens ne se lancent pas dans des contreverses futiles*[4] ». Ce perroquet est donc étroitement lié au langage, qu'il sait façonner en fonction des situations, et on peut dire que son leitmotiv fonctionne comme un écho révélateur du psittacisme[5] des autres personnages.

Ce perroquet, en héritier direct de Flaubert, conteste symboliquement les idées reçues. Son incessante répétition « Tu causes, tu causes, c'est tout ce que tu sais faire », dénonce la culture de masse qui uniformise les individus, condamnés à répéter des lieux communs. Cette mise en garde comique rappelle que ces automatismes mentaux représentent un danger : ils détournent de la pensée.

Gridoux le cordonnier

Il est défini d'emblée par son métier, (p. 41) pour composer le décor parisien des années 1950, il semble être un personnage en demi-teinte, gris-doux, sans grand relief, qui détone par rapport à l'exubérance de ses voisins, Laverdure compris. Sans portrait

---

1. *Un oiseau rare* est une comédie de quiproquo entre un maître et son valet, autour du gain, à la loterie, d'un séjour aux sports d'hiver. Pierre Brasseur possède Slogan, un perroquet.
2. Qui répète les ordres de bataille ou de manœuvre.
3. Lequel singe déclare au perroquet « tu parles, tu parles ».
4. *Lectures pour tous*, émission citée.
5. Psittacisme : récitation mécanique de mots, de phrases, de notions dont le sens n'a pas été compris ou a été mal assimilé.

physique précis, il est caractérisé par son sabir[1] très sonore (p. 79) et ses gestes très visuels, ses façons de manger, de fumer ou de travailler (cf. chapitre VII). Isolé dans sa boutique qu'il quitte peu, il aurait pu tenir un rôle cher à Queneau, celui du personnage observateur, et effectivement les verbes le concernant sont majoritairement des verbes visuels : « *examina/il a l'air/lève les yeux/voir…* ». Mais il ne sait pas suffisamment voir ce qui se passe à l'extérieur : ainsi il a seulement vu Zazie s'enfuir, bien qu'il déclare : « *Je sais où elle est allée* » (p. 41).

Charles

Il est décrit par Mado au cours d'un dialogue : « *un type sérieux* […] *Pas trop vieux. Pas trop jeune. Bonne santé. Costaud. Sûrement des éconocroques. Il a tout pour lui, Charles* ». Mais elle ajoute : « *Y a qu'une chose : il est trop romantique* [et] *il est pas toujours gentil* » (p. 76-77). À la recherche de l'âme sœur, Charles a une occupation favorite :

> il « *décortique un courrier du cœur ou la petite correspondance d'un canard pour dames* » ou lit « *dans une feuille hebdomadaire la chronique des cœurs saignants. Il cherchait, et ça faisait des années qu'il cherchait, une entrelardée à laquelle il puisse faire don des quarante-cinq cerises de son printemps. Mais les celles qui, comme ça, dans cette gazette, se plaignaient, il les trouvait toujours soit trop dindes, soit trop tartes* » (p. 16).

On peut mettre son romantisme en doute : « *quand je le rencontre dans l'escalier* […] *on tire un coup sur les marches du palais* ». De même, sa demande en mariage manque un peu de délicatesse : « *c'est oui ? c'est non ?* […] *c'est-ti-oui ? c'est-ti-non ? Alors, ça y est ? L'affaire est dans le sac ?* » (p. 140-141). Par ailleurs, cet homme « *qu'a un métier* » l'exerce de manière antinomique : c'est probablement le seul « *taximane* » qui ne sait pas

---

1. Langue mixte, généralement à usage commercial, née du contact de communautés linguistiques différentes.

identifier les monuments parisiens! Son lien avec Gabriel laisse également planer le doute : Gabriel le présente comme son pote, « *pote* », « *son copain* », alors que le narrateur le présente comme « *son beau-frère* » (p. 14). Qui est Charles exactement ? Le frère de Marceline ? Gabriel et Marceline ne forment pas un couple légitime. Gabriel a une sœur, Jeanne. Charles serait-il le père de Zazie ? Peu probable : le récit de la mort du père ressemble trop à un scénario de série B ou à un fait-divers de gazette pour être vraisemblable. La narration ne répond pas à cette énigme, et la parenté non élucidée de Charles et Gabriel participe au brouillage généralisé du roman.

Marceline

La « *femme* » de Gabriel, se comporte comme une petite-bourgeoise stéréotypée : « *Elle ajouta ça automatiquement parce qu'elle connaissait bien la langue française* » (p. 23), ménagère : « *un tricot* à la main » (p. 36) gardée jalousement à la maison par Gabriel : « *Marceline, elle sort jamais sans moi* » (p. 24). Ce personnage de femme « *élégante et bien roulée* », (p. 145), se rapproche de l'épouse parfaite, sans cesse qualifiée par l'adverbe « *doucement*[1] », à l'emploi parfois comiquement contradictoire : « *à table crie-t-elle doucement* » (p. 21). Cette caractérisation permet en fin de roman de reconnaître ce mystérieux « *manipulateur du monte-charge, (qui) leur dit doucement [...] de le suivre* » (p. 189) et oriente le lecteur vers un autre aspect de Marceline, qui, parfois « *mentait doucement* ». Sa maitrise face à Trouscaillon « *je vous fous la trouille ? [...] Nenni, répondit doucement Marceline* » (p. 158), son échappée remarquable d'habileté « *une valoche à la main, elle se déplaçait le long du mur avec la plus grande aisance* (p. 165) » témoignent de la duplicité de ce personnage. Si Trouscaillon se

---

1. Est-ce une réminiscence de Marceline, la gracieuse et discrète héroïne de *L'Immoraliste* de Gide ?

« *déguise* » avec facilité, Marceline joue elle aussi un rôle, et se dévoile dans les dernières pages. Sortie de la maison et revenue dans l'action sous le terme « *lampadophore* », Marceline redevenue Marcel ordonne alors la situation finale « *il faut partir chacun de son côté [...] moi je ramène la petite* » (p. 190). Ce porteur de flambeau emmène (enfin) Zazie, dans le métro qui, miraculeusement, fonctionne à nouveau. Son intervention en forme de *Deus ex machina*[1] – Marceline n'est-elle pas qualifiée de « divine »? (p. 160) – signe la fin de la mascarade et révèle que Gabriel vit avec un homme[2].

Gabriel

Dans les deux premières pages du roman, la narration insiste sur sa force physique, « *malabar* », « *gorille* » qui aurait la possibilité d'écraser « *le p'tit type* » lors de l'altercation à la gare d'Austerlitz, et sur le fait qu'il se parfume avec « *Barbouze de chez Fior* ». Ces trois caractéristiques, reliées entre elles, font surgir l'image d'un autre « gorille », un agent secret bourru et pince-sans-rire qu'incarnait en 1958 Lino Ventura dans un film populaire de Bernard Borderie, *Le Gorille vous salue bien*. Le Gorille était un personnage de Dominique Ponchardier, lui-même agent de renseignements, et qui mena une carrière littéraire à succès sous le pseudonyme d'Antoine Dominique, créant la série *Le Gorille* dans la collection « Série noire », et désignant ses agents secrets sous ce nom de barbouze.

---

1. *Deus ex machina* est une locution latine signifiant « Dieu issu de la machine ». Cette expression est employée dans le domaine de la dramaturgie au sens large, théâtre ou scénario de cinéma, pour désigner « l'événement inattendu et improbable qui vient régler les problèmes du protagoniste à la dernière minute ».
2. Dans la version initiale, Marceline était un officier déserteur allemand. Peut-être est-ce la raison pour laquelle Trouscaillon est un pastiche de Mussolini dans le film de Louis Malle.

Deuxième partie. L'œuvre en examen

Queneau joue de la force physique de Gabriel : il « *donne un coup de poing sur la table qui se fend à l'endroit habituel* » (p. 27) ; ou dans cette longue description épique contre les « *troupeaux de loufiats* » :

« [...] *attrapant les deux loufiats* [...] *il leur fait sonner le cassis l'un contre l'autre de telle force et belle façon que les deux farauds s'effondrent fondus.* »

« *Tel le coléoptère attaqué par une colonne myrmidonne, tel le bœuf assailli par un banc hirudinaire,* [il] *se secouait, s'ébrouait, s'ébattait, projetant dans des directions variées des projectiles humains qui s'en allaient briser tables et chaises ou rouler entre les pieds des clients* » (p. 182-183)[1].

Mais, comme fréquemment chez Queneau, le personnage se comporte de manière ambivalente : « *d'une main,* [...] *il saisit Trouscaillon par le revers de sa vareuse et le porta sous la lueur d'un réverbère* [...] *(il) le reposa délicatement sur ses pieds* » (p. 174). La contradiction caractérise ce colosse de 32 ans, qui, lors de la fugue de Zazie, profère « *ce mot historique* [...] », « *Je m'en vais faire mon devoir* » et... « *retourne se coucher* » (p. 40-42). De même, s'il ne supporte aucune odeur, il inonde son entourage de son parfum et « *embaumant le bistrot d'ambre lunaire*[2] *et de musc argenté* » (p. 71), le haut de la tour Eiffel (p. 86), puis « *toute la rue* » (p. 104). Face à Zazie, il tente d'assumer son rôle provisoire d'éducateur « *C'est moi qui en ai la responsabilitas* » et affirme devant Charles : « *les enfants, suffit de les comprendre* » (p. 18). Il réitère ses affirmations « *Moi j'ai mes idées sur l'éducation* [...] *la compréhension* » (p. 103) ou : « *Je suis compréhensif, moi* [...] *je vous prie de me laisser élever cette môme comme je l'entends* » (p. 133).

---

1. Mymidon : petit homme chétif et peu important ; nain.
   Hirudinaire : qui est formé de sangsues.
2. « Ambre lunaire » fait allusion à l'ambre solaire, cette huile solaire protectrice qui était en vogue dès les congés payés de 1936, et qui pendant la guerre remplaçait les bas des femmes, et la brillantine des hommes.

Sa détermination à jouer son rôle d'oncle protecteur[1] – « *avec lui, j'ai rien à craindre* » (p. 56) – enjolive la situation réelle et le trompe sur sa nièce : « *Tu vois comment ça raisonne déjà bien une mouflette de cet âge ? On se demande pourquoi c'est la peine de les envoyer à l'école ?* » (p. 22). Son admiration se réduit progressivement avec l'irrévérence de Zazie : « *elle me prend pour un idiot* » et il constate avec dépit : « *C'est les gosses d'aujourd'hui* [...] *C'est terrible, vous savez les gosses* » (p. 61-66). Zazie perd son statut de « petit ange » et s'apparente alors à « *un cauchemar* » (p. 92), et si Gabriel songe « *à lui foutre une tarte qui lui aurait fait sauter deux ou trois dents* » (p. 101), il « *assume son martyre* » (p. 105) par souci des convenances.

Ces convenances n'ont qu'une relative importance pour Gabriel. Si la narration insiste sur sa musculature virile, Gabriel multiplie les signes de féminité. Outre sa pochette de soie mauve imprégnée de parfum, qu'il agite ostensiblement, il s'exprime « *languissament* » (p. 102), épile son menton (p. 41) et « *ses cuisses naturellement assez poilues* » (p. 119), adore « *se faire les mains* » (p. 24), peut s'évanouir à la vue de Trouscaillon[2] (p. 70), et boit exclusivement de « *la grenadine* », et bien évidemment, sa féminité s'exprime dans son « *art chorégraphique* » (p. 154).

Gabriel se désigne à plusieurs reprises comme « *artiste* », mais la narration dévoile progressivement la nature exacte de son art : il « *bosse de nuit* », un rouge à lèvres et une manucure soigneuse lui sont nécessaires, et il « *fauche* » du foie gras au « *cabaret* » (p. 21). Face à Trouscaillon – qui joue ici le rôle du lecteur désireux de connaître « *l'espèce d'artiste* » – Gabriel avoue enfin qu'il est « *Danseuse de charme* » (p. 62), ce que savaient déjà ses proches. En effet, Gridoux révèle que « *Gabriel danse dans une boite de*

---

1. Au Mont-de-Piété : « *ils devraient faire attention, dit Gabriel furieux. Y a des enfants* » p. 188.
2. Comme s'il rivalisait avec la veuve Mouaque...

pédales déguisé en Sévillane [et] *il danse aussi* La Mort du cygne *comme à l'Opéra. En tutu* » (p. 81). Plus tard, Fédor Balanovitch reconnaît Gabriel dans la rue, l'interpelle (« *Mais c'est Gabriella* »), et montre qu'il a déjà vu le numéro de « La Mort du cygne en tutu » (p. 95). Mais si Gabriel avoue sans ambages sa profession, il récuse férocement toute accusation d'homosexualité. Fidèle à sa personnalité contradictoire, il agit paradoxalement : en effet, il emmène Zazie voir[1] son spectacle pour répondre à la question récurrente : « *es-tu un hormosessuel ou pas?* » (p. 121). Le lecteur, l'entourage proche et les touristes – eux aussi invités dans la « *plus célèbre boite de tantes de la capitale* » (p. 151) ont déjà eu un « *aperçu de son talent* » qui doit dissiper le doute : « *se levant d'un bond avec une souplesse aussi singulière qu'inattendue, le colosse fit quelques entrechats en agitant ses mains derrière ses omoplates pour simuler le vol du papillon* » (p. 155). Mais Zazie ne se satisfait pas de cette démonstration empirique incomplète[2]. Gabriel ne termine pas sa danse car « *il a le trac* » et, en fin de roman, avant de s'évanouir, la petite fille s'exclame avec admiration : « *des hormosessuels comme toi, doit pas y en avoir des bottes* » (p. 185).

Dans le roman, Gabriel n'assume aucun de ses rôles : ni celui d'oncle protecteur et pseudo-éducateur, ni celui de « *costaud*[3] ». Il n'assume pas non plus son homosexualité. Son rôle est donc hors narration. Son nom « *force de Dieu* », celui de l'archange annonciateur, le saint patron de la transmission, devrait aider à comprendre sa fonction dans le roman. On peut penser que « *l'archiguide Gabriel* » oriente Zazie dans une nouvelle vie. Effectivement, le fait

---

1. Cf. ce dialogue entre Gabriel et Zazie :
   – *Tu verras de tes propres yeux.*
   – *Je verrai quoi ?*
   – *Tu verras.*
2. Empirique : qui ne s'appuie que sur l'expérience.
3. Face au « p'tit type », ou face à Trouscaillon.

de ne pas répondre aux questions et de substituer une question à une autre question « *pourquoi que tu persistes à me qualifier d'hormosessuel ?* » (p. 185) n'est pas uniquement une dérobade comique. Cela relève d'une thématique du questionnement, où la réponse importe moins que le bien-fondé du questionnement. La force de Gabriel serait donc d'apprendre à Zazie que les interrogations essentielles sur la condition humaine priment sur la pertinence des réponses. C'est ainsi que Zazie comprend en fin de roman l'enseignement de son oncle : « *hormosessuel ou pas, en tout cas t'as été vraiment suprême* » (p. 185).

Zazie

Raymond Queneau lui-même donne l'explication de ce prénom singulier, en forme de surnom, ou de diminutif affectueux :

> « *Sous l'Occupation, il y avait une fille qui était surnommée "la Grande Zaza"* […] *c'était la patronne des "zazous". C'est de là que j'ai fait Zazie. C'est une petite fille de zazous*[1]. »

Tirant leur nom d'une chanson de Cab Calloway[2] *Zah Zuh Zaz*, les Zazous dominèrent la mode française dès 1940 et dans l'immédiate après-guerre. Reconnaissables à leurs vêtements anglais ou américains, affichant leur amour du jazz, ces non-conformistes organisaient des concours de danse dans les « caves » de Saint-Germain-des-Prés[3]. L'anti-conformisme de Zazie, ses « bloudjinnzes » la rapprochent de ces zazous… On peut aussi voir dans

---

1. *Uneuravek*, article cité.
2. Cab Calloway, (1907-1994) chef d'orchestre et chanteur de jazz américain.
3. Lorsque les lois raciales du gouvernement de Vichy obligèrent les Juifs à porter l'étoile jaune, certains zazous, par défi, s'affichèrent avec une étoile jaune marquée Zazou, Swing ou Goy. Les zazous furent immortalisés par Boris Vian dans son *Manuel de Saint-Germain-des-Prés*, écrit en collaboration avec Noël Arnaud, futur 2e président de l'Oulipo, et par le film de Jacques Becker, *Rendez-vous de juillet* (1949).

ce prénom une allusion à Zizi Jeanmaire, pour laquelle Queneau écrivit en 1950 les chansons du ballet *La Croqueuse de diamants.* Cette chanteuse-danseuse avait une voix gouailleuse, comme on peut imaginer celle de Zazie.

Selon Queneau, Zazie est âgée de 11-12 ans. Mais le récit confond parfois les attitudes de l'enfant et de l'adulte : capable de se raconter *La Belle au bois dormant,* elle conclut « *c'est drôlement con les contes de fées* » (p. 31), ce qui la détache du domaine de l'enfance. De même, cette petite fille détonne par la verdeur de son langage et ses remarques adultes, qui scandalisent Turandot ou la veuve Mouaque – ils la trouvent « *drôlement mal élevée* » (p. 27) ou « *d'une grossièreté* » (p. 102) –, et donnent « le vertige » à Charles mais qui étonnent plaisamment Gabriel « *elle en a de l'idée, cette petite* » (p. 23).

Elle se montre insolente face aux adultes, « *Tu as de drôles d'idées, tu sais, pour ton âge* », ce à quoi elle riposte « *ça c'est vrai, je me demande même où je vais les chercher* » (p. 89), indiscrète avec ses questions « *pourquoi que vous vous mariez pas ?* » (p. 88), tyrannique, « *c'est hun cacocalo que je veux et pas autt chose* » (p. 17). Elle possède un langage très familier, voire ordurier qu'elle illustre énergiquement par « *mon cul* » et qui lui sert d'argument péremptoire (p. 12, 14, 65, 102, 105, 113, 128).

En pleine découverte du monde extérieur, matérialisé par Paris, elle souhaite bien évidemment s'« *aller voiturer dans le métro* » (p. 13), comme annoncé dans le titre du roman. Ce métro absent devient l'objet fascinant de sa quête. Queneau personnifie son premier contact avec le métro, qui devient personnage : « *émerveillée* [...] *Zazie s'approcha de la bouche, la sienne pleine d'émotion* ». Grâce à la métaphore figée[1], « *la bouche de métro* », Queneau juxtapose les mots « bouche » et suggère un baiser, comme un plan rapproché de cinéma. Il adopte un point de

---

1. La métaphore figée est une métaphore passée dans le langage courant.

vue narratif lié à la technique cinématographique et l'applique majoritairement à Zazie. Ainsi, la petite fille vit les situations en fonction du cinéma, grâce à « *sa petite voix intérieure* » : lorsqu'elle rencontre « *le type* » (alias Pedro-Surplus), « *c'est un acteur en vadrouille* » (p. 44), qu'il l'interroge et qu'il contre-carre sa fuite : « *au cinéma on ne fait pas mieux, se disait Zazie* » (p. 56-58). Et son récit de pseudo-inceste a des allures de film d'épouvante « *il roule des yeux en faisant ah ah tout à fait comme au cinéma* » ou burlesque : « *il se fout la gueule par terre. Isrelève. Ircommene à me courser. Une vraie corrida* » (p. 54-55). Zazie va jusqu'à s'identifier franchement, toujours grâce à « *sa petite voix intérieure* » à une héroïne de film : « *chsuis aussi bonne que Michèle Morgan dans La Dame aux camélias* » (p. 66). En fin de roman, lorsque Mado et Charles partent ensemble, officialisant leur prochain mariage, Zazie ne voit qu'une fin heureuse de « *vieux films* » (p. 172). Sa première apparition la place d'ailleurs sous le signe de la narration cinématographique, en plans séquentiels : « *Gabriel regarde dans le lointain* [...] *une mouflette surgit* » (p. 9).

La rue devient une scène où jouer un scénario. Dès qu'elle quitte la maison, au petit matin « *la porte de la rue est ouverte, un rectangle de lumière,* [...] *elle est dehors* » (p. 31). Sur ce « *rectangle de lumière* », sur cet écran de cinéma, elle peut créer le scénario de la petite fille victime d'un satyre. Turandot en sera la vraie victime. Puis elle reprendra cette ruse avec Pedro-Surplus : « *c'est du tout cuit, se dit Zazie avec sa petite voix intérieure* » (p. 57). Mais elle a oublié qu'elle a affaire à « *un acteur* »...

Zazie vue par les autres personnages

En désignant successivement Zazie par « *la mouflette* », « *la gosse* », « *l'enfant* », le récit la place résolument dans l'enfance. À la gare, Gabriel « *la prend dans ses bras* » comme une enfant (p. 9), revendique son statut d'oncle : « *Ma nièce, c'est ma nièce* » (p. 91) ou se place en position d'adulte : « *c'est pour te faire* rire, mon enfant » (p. 15). Charles trouve « *marante (la) petite nièce* », mais lui fait perdre vite l'adjectif affectueux pour s'en tenir à « *ta nièce* », (p. 21) puis s'indigner avec « *ta putain de nièce* » : Zazie lui pose des questions indiscrètes et déconcertantes (p. 91). Turandot suit une évolution inverse : il passe d'« *une petite salope* » (p. 21) à « *petite* », « *ptite* » ou « *petite fille* » (p. 32-33), comme l'appelle aussi Gridoux (p. 41). Trouscaillon l'aborde avec un « *mon enfant* » (p. 44). Quant au forain, il la regarde comme une « *petite connasse* » (p. 48). Hormis Fédor « *qui ne porte aucune attention aux propos de la mouflette* » (p. 123), les personnages masculins usent tous de la caractérisation « *petite* » ou « *enfant* » sans parvenir à fixer Zazie dans l'enfance.

Les personnages féminins secondaires usent de la même caractérisation : « *la dame intéressée par "les choses sales"* » de Turandot, appelle Zazie « *ma petite* » (p. 33), comme la ménagère (p. 57), « *ma petite* », encore, pour la veuve Mouaque, et Marceline[1]. Jeanne Lalochère, elle, présente d'emblée sa fille comme « *l'objet* » (p. 9), lui dit « *arvoir ma chérie* » mais le narrateur précise immédiatement qu'« *elle se tire* », et donne ainsi au terme « *ma chérie* » un aspect un peu conventionnel. Lorsque Zazie raconte son histoire, elle cite sa mère qui l'aurait appelée « *sacrée conarde* » (p. 55). Enfin, au dernier chapitre, Jeanne Lalochère pense tout haut « *Faudrait pas que je soye en retard. Si je veux récupérer la fille* » (p. 193). L'absence d'adjectif possessif surprend, elle aurait dû dire « *ma fille* », et confirme que Jeanne Lalochère manque un peu d'amour maternel... Le rôle maternel sera alors assuré par Gabriel ou Marceline préoccupée de la bonne santé de Zazie « *elle a pas été longue à s'endormir* » (p. 25), « *elle va être bien fatiguée* », (p. 161) ou lors du retour de la fillette,

---

1. Au chapitre II, Marceline est encore une femme !

avec cette réaction quelque peu emphatique[1] : « *Marceline se jeta sur Zazie en manifestant la plus grande joie de retrouver cette enfant* » (p. 59).

Rôle de Zazie dans le roman

Tout d'abord, elle organise le récit car le lecteur attend (comme Zazie) qu'elle prenne le métro, comme l'a annoncé le titre. De plus, Zazie a une réelle influence sur la progression du récit. En effet, lorsqu'elle revient de sa fugue, ramenée par Pedro-Surplus, ce dernier se perd : « *c'est moi, moi, que j'ai perdu* » (p. 82). À l'origine, on aurait pu penser que c'était Zazie qui s'était perdue... Puis Pedro-Surplus sort du roman et revient, en Trouscaillon « *le flicmane* ». Or, Zazie avait auparavant annoncé « *c'est un pauvre flic* » (p. 59), comme si elle déterminait déjà sa nouvelle identité. Elle chasse également Charles de l'action. Les questions déroutantes et insistantes « *Et vous vous l'êtes, hormosessuel ? Pourquoi que vous êtes pas marié ?* [...] *Pourquoi que vous vous mariez pas ?* [...] *Les femmes ça vous fait peur, hein ?* » ne trouvent qu'une réponse : la fuite de Charles. Mais si Charles reconnaît devant elle qu'il n'est « *pas encore prêt à* [se] *marier* » (p. 88), il réapparaît seulement au chapitre XIII pour demander enfin Mado en mariage, comme si cette décision résultait du mûrissement provoqué par cette conversation avec Zazie. La question lancinante sur l'homosexualité de son oncle conduit celui-ci à emmener sa nièce au Mont-de-Piété, et à la révélation de la véritable identité de Marceline. Cette influence du personnage sur le récit inspire alors une véritable réflexion sur la littérature, **Zazie devenant le vecteur et l'instigatrice du récit**. La provocation incessante de Zazie face aux adultes, sa dérision de l'esprit de

---

[1]. Cette réaction débordante laisse sous-entendre que Marceline joue un rôle.

Deuxième partie. L'œuvre en examen

sérieux, conduisent le roman vers une entreprise de dérèglement systématique des conventions de l'écriture romanesque.

3. Le personnage quenien

Toute l'œuvre de Queneau s'ouvre et se ferme sur l'interrogation « Qu'est-ce qu'un personnage de roman ? » *Le Chiendent* débute par « *la silhouette d'un homme se profila* » et montre comment cette « *silhouette* » devient héros du roman, tandis que *Le Vol d'Icare* met en scène la fuite des personnages à l'intérieur de leurs romans.

Zazie dans le métro n'échappe pas à cette interrogation. Queneau se détache des écrivains réalistes pour qui le personnage devait traverser toutes sortes d'aventures et avoir notamment une correspondance entre les traits physiques et les traits psychiques. Ainsi, les héros de *Zazie dans le métro* ne correspondent pas du tout au profil attendu. La petite provinciale en visite à Paris pour la première fois ne s'étonne de rien, et juge que « *tout ça, c'est du cinéma* » (p. 129); le colosse Gabriel hésite à user de sa force, s'évanouit, se montre un peu lâche, et « *la douce Marceline* » se révèle être Marcel... Le lecteur ne connaît pas la véritable identité de Trouscaillon, ni comment Charles peut être le « beau-frère » de Gabriel !

Dans *Zazie dans le métro* les rôles narratifs structurent les personnages, comme le veut la tradition romanesque : il y a les héros – Zazie, Gabriel, Trouscaillon – et les autres, les profils plus secondaires. Mais tous sont le résultat d'une insistance sur la forme de l'expression. Libérés des conventions traditionnelles, ils imposent leur présence verbale, leur propre fantaisie, « *moi, mes trucs je les varie constamment* », dit Trouscaillon (p. 170). N'étant que langage, le personnage quenien peut « *se forger un bouclier verbal* » (p. 9), « *débiter le discours type* » (p. 118) ou adopter un rôle « *trouvé sans peine dans son répertoire* » (p. 14), en fonction de chaque situation du roman, en réalité en fonction de chaque situation de la condition humaine.

4. Le personnage quenien revu par Louis Malle

Les personnages de Queneau évoluent le plus souvent dans des lieux publics : cafés, moyens de transport, restaurants, lieux dans lesquels ils se sentent à l'aise. Il existe chez Queneau une réciprocité entre les décors et les personnages. Inversement, les décors, par leurs affinités et leurs correspondances avec les personnages, donnent à ces derniers un relief qui les rend vivants ; ils semblent traverser la vie de manière simple : Gridoux tape sur ses chaussures, Turandot sert à boire, Marceline est une ménagère idéale... En réalité, ils ne sont pas aussi simples qu'ils en ont l'air. Queneau leur donne des comportements diamétralement opposés, mais ces changements ne sont que temporaires et forment une juxtaposition d'états : Gabriel se lance dans un long discours métaphysique qui contraste avec ses habitudes de langage. Ces caractéristiques (l'assimilation décor-personnage, la mobilité des aspects) facilitèrent le travail de Louis Malle, qui avait tout de même fort à faire en transposant les personnages du roman, malgré le conseil de Zazie : « *Imagine-toi qu'on est des gens comme les autres* » (p. 156). Si les personnages sont globalement fidèles au texte, le réalisateur a intensifié leur caractère fantoche, préférant les rassembler dans **un univers burlesque**.

Comme l'héroïne était une enfant, il accentua le trait de l'enfance et choisit de rajeunir Zazie : dans le film, elle est âgée de 10 ans. Pour Louis Malle, c'est « *surtout une enfant* » qui « *agit comme un révélateur* », et devait être « *comme une Martienne à Paris, ou une réédition des* Lettres persanes *de Montesquieu* ». Il affirme en outre, « *Zazie est le seul personnage qui soit pur, rigoureux* ». Le réalisateur n'a voulu voir qu'une petite fille qui entre

Deuxième partie. L'œuvre en examen

dans un monde inconnu, porte un regard neuf et interrogateur sur une société où ce regard sème le doute et le trouble.

Cette conception diffère un peu de l'héroïne du roman, précisément parce que la Zazie de Queneau est plus âgée : **elle a un esprit critique plus acéré, et son jugement sur le monde adulte peut se teinter d'ironie. Privilégier l'enfance a partiellement réduit les nuances de ce personnage complexe.**

Louis Malle a également accentué la violence de Trouscaillon, et en fait un milicien, d'où une scène finale qui a des allures de guerre. C'est une option, en partie motivée par les allusions à la période de l'Occupation présentes dans le roman.

Mais, curieusement, Marceline reste femme, et conduit Zazie à la gare, habillée en motard. Choisissant de passer ainsi sous silence l'homosexualité de Gabriel et le déguisement de son compagnon, **Louis Malle supprime de son film le thème de l'identité sexuelle, fondamental dans le roman de Queneau.** Ce choix étonne le lecteur, et oriente le spectateur dans une autre réflexion : Le « *j'ai vieilli* » final ne concerne plus l'apprentissage du monde adulte et de son langage. Comme dit Louis Malle, « *tant qu'ils demeurent préservés, ce sont les enfants qui ont raison*[1] ». Voulait-il insister sur la perte d'innocence de Zazie ? Ou simplement filmer les aventures étonnantes d'une surprenante petite fille dans la capitale ? Quoi qu'il en soit, il a donné à « *Zazie un visage, une gouaille, une silhouette, difficilement dissociables aujourd'hui du personnage de papier*[2] ».

---

1. http://www.ina.fr/art-et-culture/cinema/video/CAF97519873/louis-malle-parle-de-zazie-dans-le-metro.fr.html – 26 octobre 1960.
2. *Zazie dans le ciné : de la page à la toile*, Marie-Claude Cherqui, article inédit, voir p. 212 de ce volume.

IV. Le jeu avec les langages

1. La poétique de Queneau : une écriture subversive, burlesque

Carine Terrematte

Si le récit mené par Raymond Queneau remet en cause les codes traditionnels (parodie du roman d'initiation, comme incidemment du roman épique, ou sentimental, négation de l'action romanesque, désagrégation de l'espace réaliste), l'écriture quenienne, tout aussi **décapante**, s'attaque **aux codes traditionnels de la littérature pour les renouveler profondément**.

C'est ce « dynamitage » qui a d'abord intéressé Louis Malle ; le cinéaste a cherché à transcrire dans le mode cinématographique cette exploration **systématique** de toutes les ressources du langage.

Du burlesque grammatical

Le traitement de l'orthographe : ses effets stylistiques et poétiques

Ce souffle de liberté se manifeste en premier lieu aux yeux du lecteur de Queneau par le traitement que l'écrivain fait subir à l'orthographe, par cette graphie iconoclaste, proprement intraduisible à l'écran. En effet, Queneau ne se contente pas, dans le sillage de Louis-Ferdinand Céline (*Voyage au bout de la nuit**), d'intégrer la langue parlée et l'argot, à la langue écrite et à la littérature ; il remanie l'orthographe, avec une licence qui, pour facétieuse qu'elle soit, n'en est pas pour autant arbitraire mais réfléchie et pensée.

Deuxième partie. L'œuvre en examen

Beaucoup voient dans *Zazie* une démonstration cation des théories linguistiques de son auteur. D « *Doukipudonktan* » retentissant qui ouvre le roman sonne un manifeste annonçant l'entreprise militante de Queneau. Dans plusieurs de ses essais, réunis dans *Bâtons, chiffres et lettres*, l'écrivain prône un « néo-français », correspondant à notre pratique quotidienne de la langue, et très éloigné du français institutionnel, académique, qu'on apprend à l'école, seul autorisé à l'écrit mais qui risque de se scléroser dans le bon usage. Même s'il nuance plus tard ses positions[1], il oppose une pratique plus libre et déréglée à ce français dogmatique et figé.

Partisan d'une simplification de l'orthographe, l'écrivain supprime ici et là les consonnes doubles, imperceptibles à l'oral : *se marer* (p. 9) et ses dérivés *marante, marant, stoper, se barer* (p. 36). Toutefois, remarquons que l'auteur ne s'interdit pas la graphie orthodoxe par ailleurs. Elle affecte particulièrement les sigles (qui deviennent des vocables à part entière : *l'esstéo, les jitrouas, les vécés*[2]) ou les emprunts à l'anglais, dont Queneau retranscrit plaisamment la prononciation populaire, pour forger des termes inédits : *linnecher* (p. 40), *bloudjinnzes* (p. 49), *claqueson* (p. 95), *bâille-naïte* (p. 96), *coboille* (p. 114), *glasse, fleurte, cornède bif* (p. 136), *ouisqui* (p. 152), *apibeursdè touillou* (p. 153). Comme l'écrit Michel Bigot : « Les emprunts aux "*langues forestières*" deviennent sous sa plume des vocables autochtones, propices aux jeux de mots. »

On le voit, plusieurs graphies se concurrencent : ainsi à *dacor* succède *dakor* (p. 81). C'est que le romancier, allant plus loin dans la provocation, s'autorise l'écriture phonétique. « *Egzamina* », « *egzemple* » Mais attention : loin d'avoir une visée fonctionnelle,

---

1. « Errata », NRF, avril 1969, repris dans *Le Voyage en Grèce,* 1973.
2. Dans le roman *Les Fleurs bleues*•, un des personnages combat une troupe de « céhéresses » !

pragmatique, comme les graphies liées aux nouvelles technologies de communication, cette fantaisie, à laquelle il s'adonne de manière parcimonieuse, n'est recherchée que lorsqu'elle crée un effet de surprise et produit un effet stylistique cher à l'écrivain : **retranscrire le français parlé de ces « gens simples » qu'il affectionne.**

Cette écriture phonétique est éminemment poétique : mettant au premier plan la matérialité d'un mot, elle insiste sur sa plasticité ; faisant surgir le signifiant d'un mot dans toute son étrangeté, elle force l'attention, nous amène à considérer d'un œil neuf et intrigué la forme des mots (même revisitée...), à laquelle nous ne prenons pas garde ordinairement. Une telle écriture est également attentive à traduire la façon dont les mots sont prononcés, en fonction de l'intonation ou du débit.

Ainsi, dans son entreprise de restitution phonétique, Queneau est conduit à accentuer les liaisons : *vzavez*, « *i sont pourtant bin nonnêtes, nos prix* » ; cette mise en relief de la liaison correspond souvent à un énoncé emphatique (« *même que les gens izz applaudissaient maman* »), ou qui trahit l'émotion du sujet parlant : c'est ainsi que « *l'embouti* » lance un tonitruant « *vozouazévovos* » au provincial qui s'est risqué à conduire dans la capitale (p. 114). Inversement, l'absence de liaisons, lorsqu'elle est le fait d'un détachement volontaire des mots par le locuteur, est consignée par la lettre h : « *c'est hun caco calo que jveux* » (p. 17), répète Zazie obstinément. Mais le remaniement orthographique est d'autant plus plaisant lorsque l'écrivain reproduit les fautes de liaisons, comme c'est souvent le cas dans un français parlé relâché : le gérant de la brasserie du Sphéroïde vante le « *boudin zaricots verts* » ; « *moi zossi* » s'écrie Zazie, s'affirmant par le z caractéristique de son prénom. « *C'est la foire aux puces qui va-t-à eux* » dit Pedro-Surplus. La liaison, même fautive, trouve alors sa justification dans la production d'une euphonie que recommande

Queneau : « *La réduction du hiatus par le z ou le t est une nécessité vivante* » (*BCL*, p. 19).

Toujours reproduisant l'oralité du discours, mais par un procédé pour ainsi dire inverse de la liaison, Queneau multiplie l'élision de la voyelle finale e : « *faut sméfier* », ou d'autres voyelles encore : « *t'aurais oublié* ». Les mots sont également altérés par la syncope : *ptite*. Ces omissions peuvent être plus ou moins importantes : « *vlà ltrain qu'entre en gare* », « *vzallez voir* » (p. 135). Même des consonnes peuvent disparaître : *quèque chose* (ou *kèkchose*), *ptête*; en particulier lorsque la réduction concerne le pronom personnel sujet : *isra, izont, essméfie* (p. 13). On le voit à ces quelques exemples, ce sont surtout les consonnes liquides qui sont affectées, mais on trouve tout aussi bien *ostiné* (p. 9), *oscur* (p. 30), *espliquer*. De plus, l'auteur pratique fréquemment l'apocope : *croyab* (p. 35), *probab* (p. 39), *possib*, certaines entrées dans le registre familier : *formi* (p. 67), *frome* (p. 76). Mais on rencontre aussi des mots tronqués par aphérèse : *gzakt* (p. 36), *gzactement* (p. 106). Enfin il arrive que, par un procédé inverse, la prononciation de e muets soit rendue visible graphiquement : « *que ça te plaise ou neu teu plaiseu pas, tu entends ? je m'en fous* », scande un Charles irrité à l'intention de Turandot. En fait, Queneau tient compte des multiples prononciations possibles d'un même énoncé, selon la situation de communication : voilà pourquoi il propose tantôt « *msieu* », tantôt « *meussieu* », ici « *exeuprès* », là « *esprès* ». Le choix de ces termes tronqués montre à quel point Raymond Queneau observe le discours populaire, et ses variétés de prononciation.

On peut encore relever des altérations diverses, résultant de déformations que la prononciation relâchée fait subir à l'énoncé : « *chsuis Zazie* », « *a rvoir* », « *assoufflé* », « *Du coup, a boujplu. A boujpludutou* » (p. 47), ou rappelant l'intonation enfantine : « *manman* », « *moman* », qui peut traduire le jeune âge de la protagoniste.

Dans ce souci de transcrire graphiquement les modulations de l'énoncé, l'auteur, agglutinant les syntagmes que les personnages prononcent d'une seule émission de voix, crée des mots-phrases saugrenus qui ne manquent pas d'interpeller le lecteur : outre le fameux « *doukipudonktan* » sur lequel commence le roman. D'autres « coagulations phonétiques », selon l'appellation qu'en donne Raymond Queneau dans *Bâtons, chiffres et lettres*, parsèment le texte : *skeutadittaleur* (p. 8), *lagoçamilébou* (p. 36), (et sa variante *charlamilébou* p. 94), *Itipstu* (p. 54), *Gridougrogne* (p. 78) *Kouavouar* (p. 93).

La recréation de la syntaxe du français parlé

C'est que les personnages mis en scène, comme le narrateur, malmènent souvent la syntaxe. Ainsi, ils peuvent faire un usage erroné des prépositions « *la valoche à Zazie* ».

Le français parlé, dont Queneau se veut à l'écoute, favorise l'ellipse de mots qui ne sont pas indispensables à la compréhension de la phrase. C'est ainsi que la particule négative « ne » est fréquemment négligée : « *ils se nettoient jamais* », « *ça m'étonne pas* » ; de même, le sujet impersonnel « il » est souvent escamoté : « *y a pas de raison* », « *faudra l'enfermer à clé, cette petite* ».

À l'inverse de cette économie linguistique, la syntaxe populaire aime l'ajout : « *Mado Ptits-Pieds s'entendit propulser un certain nombre d'adjectifs* », « *vous me l'avez remarquée* » ; l'usage populaire insiste aussi volontiers sur les articulations syntaxiques : « *elle s'était planquée dans la buanderie* où *c'est que c'est qu'elle avait garé la hache* », ou joue sur le pléonasme « *de chez moi où j'habite* ».

L'ordre syntaxique correct est souvent bousculé pour mettre en valeur, en fin de phrase, le mot le plus important d'un énoncé : « *Je nous le sommes réservé à cause de la grève précisément, son tac* » (p. 11). Cette tournure rappelle la manière du chinook, langue amérindienne considérée par Queneau comme la plus proche du français parlé[1].

Par ailleurs, la concordance des temps est la plupart du temps ignorée. « *Turandot remplit le verre de Charles et s'en verse une lichée* » (p. 20). L'homonymie de « remplit » au présent et au passé simple peut laisser croire à la prédominance du présent de narration, mais la suite du texte révèle l'abus de langage auquel se livre le narrateur : « *Mado Ptits-Pieds vint se mettre derrière le comptoir à côté du patron et brise le silence* ». L'action est ainsi brutalement réactualisée.

La remise en cause de la conjugaison

À l'instar de la syntaxe, la conjugaison est mise en question. Le narrateur se plaît à employer le subjonctif imparfait, pourtant « tué par le ridicule et l'Almanach Vermot » (*BCL*) : « *un peu étonné que le costaud répliquât* » ; « *Bien que toutes ces attentions le flattassent, il s'enquit cependant du destin de sa nièce* ». Ailleurs, il transcrit phonétiquement le subjonctif : « *Avant que la veuve Mouaque utu le temps de répondre* » ; « *Jamais on upu croire qu'il y en u tant* » ; « *Il est pas du tout démontré que ça eille été un satyre* » (p. 100) ; « *soye* » ; Queneau prend alors un malin plaisir à déformer le subjonctif *ait* ou *soit*. S'amusant avec les formes verbales, il fait déclarer à Mado devenue Madeleine, et s'adressant à Gabriel dans un effort de correction : « *[vous] qui [...] n'avez jamais voulu que nous vous admirassassions dans l'exercice de votre art* » : le redoublement de la finale rend plus grotesque encore un subjonctif imparfait déjà propice « aux plaisanteries les plus élémentaires » (*BCL*).

Le passé simple, lui aussi, se prête aisément à un jeu sur ses terminaisons auquel le narrateur ne manque pas de se livrer : « *Gabriel fermit les yeux. [...] Il se tournit vers le type* » (p. 66), « *elle*

---

[1]. « Connaissez-vous le chinook ? » dans *BCL*.

lui foutit ». De son côté, Trouscaillon trébuche plusieurs fois dans la conjugaison de ce temps, repris par un Fédor Balanovitch sourcilleux. Le même échange est d'ailleurs décliné à deux reprises, avec le verbe énoncer, puis le verbe rencontrer, ajoutant un comique de répétition.

> « — [...] *j'énonça* [...]
> — *J'énonçai*, dit l'obscur.
> — *J'énonçais*, dit Trouscaillon.
> — *J'énonçai sans esse.*
> — *J'énonçai*, dit enfin Trouscaillon. Ah! la grammaire c'est pas mon fort. Et c'est ça qui m'en a joué des tours. »

Car ce n'est pas la première fois que la conjugaison met le personnage en difficulté : son avatar Bertin Poirée s'est déjà interrogé à ses dépens sur le verbe vêtir : « *c'est français, ça : je me vêts ? Je m'en vais, oui, mais : je me vêts ?* » (p. 163).

Cet usage ludique et provocateur de la langue, loin de constituer un divertissement sans conséquences, a pour effet, en exploitant toutes les ressources du langage, d'enrichir ses potentialités littéraires. Est-il besoin de préciser que seule une parfaite maîtrise de la langue permet d'en jouer comme le fait Queneau, et au lecteur d'apprécier et de savourer ce jeu ?

L'enrichissement du lexique

La même fantaisie créatrice qui perturbe l'ordonnancement du langage se retrouve du côté du lexique. On l'a dit, **l'argot** occupe une place de choix dans un texte qui s'attache à reproduire le parler de petites gens, et le fait accéder au statut d'objet littéraire, mais ce qui différencie Queneau de son prédécesseur Céline, c'est le mélange détonant de registres divers, qu'il combine avec virtuosité.

Termes familiers, vulgaires, argotiques, dialectaux voisinent dans une même phrase avec des termes techniques, savants, ou encore des archaïsmes, selon un choix et un dosage judicieux, qui évite toujours l'hermétisme :

> « — *Ya grève ?*
> — *Bin oui : ya grève. Le métro, ce moyen de transport éminemment parisien, s'est endormi sous terre, car les employés aux pinces perforantes ont cessé tout travail* ».

Queneau ne se prive pas de se servir de mots peu usités dans *Zazie*, ainsi, il adresse un clin d'œil au lecteur, en faisant dire à Bertin Poirée alias Trouscaillon :

> « *Ah ! enfin, des mots que tout le monde connaît... vestalat... vésulien... vétilleux... euse...* » (p. 164).

Il prend plaisir à varier les dénominations du « *commerçant* » des puces : celui-ci, le temps du dialogue, est successivement appelé « *revendeur* », « *pucier* », « *forain* », « *bazardeur* », « *marchand* » et « *colporteur* » !

La liberté créatrice de cet orfèvre des mots qu'est l'auteur de *Zazie dans le métro* éclate dans **les néologismes** variés qu'il offre ici et là au lecteur : ceux-ci peuvent provenir de substantifs posés comme adjectifs (« le bahut *locataire* », « l'attirail *manucure* », « l'élément féminin et *brancardier* ») ou d'un déplacement sémantique (Trouscaillon est un flic « *défalqué* », parce qu'enlevé, donc soustrait à la joyeuse compagnie comme au lecteur).

Mais Queneau, fort de son érudition, s'amuse également à enrichir la langue à partir de **racines latines**. Ainsi, du verbe latin *transvehere*, transporter, et de son participe passé *transvectus*, il tire « *transvecter* » (p. 41), avec le sens de chasser, balayer (ses hésitations) ; *adspicere* est transposé en « *adspicez* ». Il peut aussi surenchérir sur des mots savants existants : l'adjectif « *hirudinaire* », formé de sangsues, est un hapax provenant du terme de zoologie *hirudinées*.

On le voit, un certain nombre de ces néologismes sont formés par dérivation : le verbe « *cicéroner* », servir de guide, provient du substantif *un cicérone* et de l'orateur latin Cicéron. « *Ne craignant pas de se répéter*[1] » Raymond Queneau s'amuse et écrit le cicéron Gabriel (p. 190); autres créations de verbes: « *haut-parler* » (p. 96), « *charabiaïser* » (p. 171); le substantif « *décibélité* » (p. 110) est issu de *décibel*. Quant au mot « *factidiversialité* » (p. 35), il est une création verbale à partir de *fait divers* et de sa racine latine *factum*. Toujours par suffixation, Queneau crée le terme argotique « *racontouse* », les mots familiers « *cochoncetés* » (p. 20), ou encore « *déconnances* » (p. 117).

À l'instar des poètes de la Pléiade, l'écrivain se plaît aussi à enrichir une série de **mots composés**, comme celle fondée sur le radical -vore (carnivore, herbivore), à laquelle il ajoute « *somnivore* »; sur le modèle de « francophone », il forge « *xénophone* » (p. 97).

Les néologismes formés par agrégation de radicaux permettent sans doute les jeux de mots les plus savoureux: « *euréquation* » (p. 14), nom tiré par suffixation du grec *euréka*, « j'ai trouvé », tient aussi bien de l'*équation*. « *Flicmane* » provient peut-être de *policeman*, mais le radical -mane, présent dans « cleptomane, mythomane, mégalomane », évoque la passion morbide et maladive de Pedro Surplus pour le déguisement, ici en Trouscaillon. « *Fligolo* » (p. 130), composé amusant de *flic* et de *gigolo*, en dit long sur les rôles endossés par le personnage. « *Bellicose* » (p. 127) fait entendre à la fois *because* et *belliqueux*. Queneau affectionne particulièrement ces mots-valises chers à Lewis Caroll: « *midineurs* » (*midi* et *dîneurs*), « *guidnappeurs* » (p. 106) (*guide* et *kidnappeur*), « *squeleptique* » (p. 139) (*squelettique* et *sceptique*), « *téléphonctionner* » (*téléphone* et *fonctionner*).

Par harmonie imitative, Queneau crée « *bulbulement* » (p. 126), « *oh voui* », un « *vuvurre* (pour susurre) *Zazie* » (p. 47, p. 69).

---

1. Raymond Queneau dans « Lectures pour tous », émission déjà citée.

Du rire

La prolifération du calembour

Le jeu débridé avec les mots et leurs sonorités est à l'origine de nombreux néologismes, voire de calembours. L'onomatopée transforme le bruit en signe linguistique, qui devient alors un mot comme un autre. La langue de Raymond Queneau sollicite ce lexique d'origine onomatopéique, comme « brou ah ah ». En effet, l'étymologie donne « Brou, brou, brou, ha, ha, Brou, ha, ha. » Queneau écrit « *Du sous-sol émanait un grand brou. Ah ah.* » De même, les variations en volume, en intensité, en modulations ou inflexions de voix, se traduisent verbalement : « *houille qu'il disait, houïe là là, aouïe* ».

L'orthographe peut mimer les montées de la voix, la durée, les proférations vocales, la stridence des cris, toute une vie du monde sonore s'entend dans le roman comme « *Aaaaaaahh, répondit Turandot.* » De même, ces nuances : « *Ah ha, dit Zazie* [...] *Ah ah ! dit Zazie* » ou l'interjection dépréciative, « *Les gosselines, c'est aigrelet, ça m'écœure, beuh* » ou « *peuh, dit Gabriel, quelle importance ?* ». Ce lexique d'onomatopées, traduit en réalité le lexique incertain des personnages, souvent tributaires d'une communication imprécise, voire un peu fragile. Pour preuve, cette description du narrateur à propos des interjections remplaçant les paroles : « *une roulade de sons aigus attira de nouveau leur attention sur les exploits de Trouscaillon* ». À noter que cette phrase en forme de didascalie aide à la transposition de l'écriture romanesque en écriture filmique.

Lorsque « *l'amiral* » du Mont-de-Piété, la boîte homosexuelle, confesse que Laverdure lui « *donne des complexes* », Gridoux lui conseille d'aller consulter un « *psittaco-analyste* » (amalgame du grec *psittakos*, perroquet, et de *psychanalyse*). Les plaisanteries de potache latiniste : « *la liquette ninque* » (*hic et nunc*), « *le vulgue homme Pécusse* » (p. 40) (*vulgum pecus*), alternent avec des blagues plus élémentaires : le « *buffet genre hideux* » (*Henri II*), du style de « *Charles attend* » (p. 11), digne d'après Zazie de l'*Almanach Vermot* (p. 11), qu'elle cite à nouveau pour saluer « *le jus de bière* » à servir « *en boîte* », « *dans un cercueil* », selon le bon mot de Fédor Balanovitch (p. 123).

Le comique d'incongruité

La variété contrastée des types de langage est source de comique, un comique burlesque fondé sur l'incongruité. C'est le cas lorsqu'un personnage se met à parler d'une manière qui jure avec son langage habituel. Ainsi, le lecteur ne peut être que surpris par le vocabulaire savant qu'emploient tout à coup, dans une situation qui ne s'y prête pas, Gridoux (« *vous qui* […] *jetiez le voile pudique de l'ostracisme sur la circonscription de vos activités* »), et même Laverdure (« *nous ne comprenons pas le* hic *de ce* nunc, *ni le* quid *de ce* quod »).

Le décalage comique peut également résider dans la succession de deux énoncés de registres différents. Observons la tirade métaphysique de Gabriel : l'expression familière « *citrons empoilés* » qui la clôture détone après les envolées lyriques, tournant en dérision les questionnements sur « l'être ou le néant ». Le narrateur lui-même prise ces combinaisons/collisions entre une langue châtiée et une langue familière : « *Gabriel extirpa de sa manche une pochette de soie couleur mauve et s'en tamponna le tarin* » (p. 7).

Derrière le narrateur, c'est Queneau qui s'adonne au pastiche non seulement de registres, mais de **styles** variés :
- épithètes homériques, sur le modèle d'« Achille aux pieds légers » ou d'« Ulysse aux mille tours » : « *les employés aux pinces perforantes* » (p. 11) « *le véhicule aux lourds pneumatiques* » (p. 97) ;

Deuxième partie. L'œuvre en examen 149

- imitation des vers formulaires typiques de la poésie homérique : « *le lendemain les voyageurs partaient pour Gibraltar aux anciens parapets. Tel était leur itinéraire* » ;
- la façon dont Queneau introduit les paroles d'un personnage rappelle aussi les poèmes homériques : « *Puis il continua son discours en ces termes* » (p. 20), « *Il ajouta ces mots ailés* » (p. 80) ;
- énoncés moyenâgeux, « *À l'étage second parvenue, sonne à la porte la neuve fiancée* » (p. 142) ;
- élégances fin de siècle : les *gloxinias*, les *frissons* et les *épithalames* convoquent Verlaine.

De la pratique systématique de l'intertextualité

Queneau se nourrit aussi de toute sa bibliothèque. Son roman est le tissage parfois saugrenu de références et de souvenirs de lectures très variés, comme en témoignent les lignes ci-dessous.

L'inspiration religieuse

P. 12 : lorsque Charles, dans sa recherche de l'âme-sœur, « *flairait la paille dans les poutrelles des lamentations* », il se réfère au passage célèbre de l'Évangile selon saint Matthieu (7, 5) : « *Pourquoi vois-tu la paille qui est dans l'œil de ton frère, et ne remarques-tu pas la poutre qui est dans ton œil ?* […] *Hypocrite, ôte premièrement la poutre de ton œil, et alors, tu verras comment ôter la paille de l'œil de ton frère* », qui reproche le fait de critiquer les menus défauts d'autrui sans voir qu'on en a de plus graves ; mais il ne faut pas masquer le jeu de mots : « la paille » est aussi un défaut dans une pièce de métal, par exemple dans une « poutrelle », barre d'acier allongée.

P. 125 : « *le coup de génie* ». Gabriel sait parler toutes les langues, (Actes des apôtres 2,1-13). Or, le jour de la fête juive de la Pentecôte, les apôtres « furent tous remplis d'Esprit saint et se mirent à parler d'autres langues ».

P. 134 : Quand le « gargotier » de la brasserie de la rue de Turbigo se plaint : « *On cultive à la sueur de nos fronts le gros rouge et l'alcool à brûler* », il emploie cette formule, devenue depuis proverbiale, issue de la Genèse où Dieu, punissant Adam et Ève d'avoir mangé le fruit défendu, lance à l'homme cette malédiction : « *À la sueur de ton visage tu mangeras du pain.* »

P. 151 : « *la présence aberrante des disciples du cicéron Gabriel au milieu duquel trônait et pérorait l'enfant Zazie* ». Nouveau Testament (Luc, 2-47) : « *Et lorsqu'il eut douze ans,* [...] *l'enfant Jésus resta à Jérusalem à l'insu de ses parents. Et il advint, au bout de trois jours, qu'ils le trouvèrent dans le Temple, assis au milieu des docteurs, les écoutant et les interrogeant ; et tous ceux qui l'entendaient étaient stupéfaits de son intelligence et de ses réponses.* » « L'enfant Jésus », par glissement phonétique, est devenu l'enfant Zazie.

P. 154 : Gabriel explique qu'il tire sa subsistance de « *l'art chorégraphique* », non sans peine, car « *le fric* » « *ne s'acquiert qu'à la sueur de son front* ». À partir de là, il dérive sur une paraphrase du texte biblique, avec de plaisants anachronismes. Le passage : « *Ils* [les Élohim] *l'envoyèrent aux colonies gratter le sol pour y faire pousser le pamplemousse tandis qu'ils interdisaient aux hypnotiseurs d'aider la conjointe dans ses parturitions et qu'ils obligeaient les ophidiens à mettre leurs jambes à leur cou* » rappelle : « *Iahvé Élohim le renvoya donc du jardin d'Éden, pour qu'il cultivât le sol d'où il avait été pris* » ; « *À la femme il dit : "Je vais multiplier tes souffrances et tes grossesses : c'est dans la souffrance que tu enfanteras des fils"* » ; « *Iahvé Élohim dit au serpent* » [qui a poussé Ève au péché] : « *Puisque tu as fait cela, maudit sois-tu* [...] *Sur ton ventre tu marcheras et tu mangeras de la poussière tous les jours de ta vie !* »

P. 189 : Le discours d'Aroun Arachide évoque tout à la fois la parole biblique (le « *Je suis celui qui suis* » de l'Exode, III, 14, et « *le prince de ce monde* » du Nouveau Testament, autrement dit le diable, dans l'Évangile de Jean, XII, 31).

Deuxième partie. L'œuvre en examen

Le souvenir de quelques auteurs célèbres
- Homère

« *La foule parfumée dirige ses multiples regards* » (p. 9), « *Les employés aux pinces perforantes* » (p. 12), « *Le véhicule aux lourds pneumatiques* » (p. 97), ainsi que « *gonflant ses mots de férocité* » (p. 14) ou « *Ces mots ailés* » (p. 80) sont autant de **tournures épiques**.

Les paroles d'un personnage chez Homère sont fréquemment introduites par un énoncé du type : « *Pâris, beau comme un dieu, prend la parole et dit* » ; de même, Queneau écrit : « *Debout, Gabriel médita, puis prononça ces mots* » (p. 91) et de manière plus parodique « *il va parler, dit la dame polyglotte en leur idiome natif* » (p. 99). Ces formules rappellent fortement : « *Puis, debout, il s'adresse aux Argiens en ces termes* ».

P. 109 L'« *œillade aphrodisiaque et vulcanisante* » de la veuve Mouaque évoque l'union d'Aphrodite et de Vulcain.

- Rabelais

P. 123 : « *urbe inclite qu'on vocite Parouart* » paraphrase ce passage du *Pantagruel* de Rabelais (chapitre VII) où l'« escholier limosin », en un jargon franco-latin, déclare venir « de l'alme, inclyte et célèbre académie que l'on vocite Lutèce » (« de la nourricière, illustre et célèbre ville qu'on appelle Lutèce »), « Lutèce » premier nom de Paris est appelé ici « Parouart », un de ses noms en argot, qu'on trouve dans les *Ballades* en jargon de Villon. De même, on peut voir une allusion à Panurge et à son polyglottisme lorsque Gabriel se met à parler les « *langues forestières* » face aux touristes (p. 94). Queneau varie également le nom de ces langues étrangères encore appelées « *un effort berlitzcouilien* » (p. 122) adjectif formé sur Berlitz, alors célèbre école de langues.

P. 154 : lorsque Gabriel qualifie le « *fric* » de « *substantifique moelle* », il se souvient de Rabelais qui, dans le prologue de *Gargantua*•, invite le lecteur à « rompre l'os et sucer la substantifique moelle », c'est-à-dire à approfondir le sens du récit.

- *Shakespeare*

P. 91 : « *L'être ou le néant, voilà le problème* ». Ce début du monologue mi-bouffon mi-mélancolique de Gabriel ressemble au célèbre monologue d'Hamlet dans la pièce éponyme. « Être ou n'être pas. C'est la question… » (III, 1, vers 56-90). Et « *l'être ou le néant* » évoque parodiquement *L'Être et le Néant* de Jean-Paul Sartre, paru en 1943. L'essentiel du monologue de Gabriel (p. 119) : « *Sans ça, qui supporterait les coups du sort et les humiliations d'une belle carrière, les fraudes des épiciers, les tarifs des bouchers…* » parodie celui d'Hamlet : « Qui en effet supporterait le fouet du siècle,/l'injure du tyran, les mépris de l'orgueil… »

P. 92 : « *Un délire tapé à la machine par un romancier idiot* » évoque le vers de *Macbeth* : « *Life is a tale told by an idiot* » (« La vie est une histoire racontée par un idiot »).

- *Hugo*

P. 49 : en se transformant en « *djinns bleus* », les « *bloudjinnzes* » de Zazie évoquent le célèbre poème de Victor Hugo, « Les djinns » dans le recueil *Les Orientales*.

P. 101 : « *Avant l'heure où les gardiens de musée vont boire* » imite le vers « C'était l'heure tranquille où les lions vont boire », dans « Booz endormi », poème de *La Légende des siècles* (I, 6) de Victor Hugo, repris également dans *Les Fleurs bleues**.

P. 189 : « *Gabriel portait Zazie toujours évanouie* ». La fuite dans l'égout rappelle celle de Jean Valjean dans *Les Misérables* de Victor Hugo.

- *Flaubert*

Laverdure, le perroquet de Turandot (première mention p. 20, « *une cage hébergeait un perroquet triste* »), rappelle Loulou, le perroquet *d'Un cœur simple*, dans les *Trois Contes* de Gustave Flaubert.

P. 127 : la veuve Mouaque et Trouscaillon, qui « *marchaient côte à côte lentement mais droit devant eux et de plus en silence. Alors ils se regardèrent et sourirent : leurs deux cœurs avaient parlé* », rappellent Emma et Rodolphe dans *Madame Bovary*• de Flaubert : « Alors il y eut un silence. Ils se regardèrent ; et leurs pensées, confondues dans la même angoisse, s'étreignaient étroitement, comme deux poitrines palpitantes. »

Quelques références pêle-mêle

P. 31 : « *Paris est un grand village* », poème-objet, est inspiré de « L'amour d'abord » dans le *Manifeste du surréalisme* d'André Breton, comme *Le Mont-de-piété*, autre recueil poétique de Breton. C'est aussi une sorte d'ironie un peu perfide de la part de Queneau, qui s'était opposé aux condamnations homophobes de Breton.

P. 36 : « *Quand il dort, il dort* » imite le « Quand je danse, je danse ; quand je dors, je dors » des *Essais* (III, 13) de Montaigne.

P. 61 : « *Les personnes du deuxième sexe* » évoquent *Le Deuxième Sexe* de Simone de Beauvoir, paru en 1949.

P. 92 : « *le songe d'un rêve* [...] *le rêve d'un rêve* » est issu du poème d'Edgar Poe *A Dream within a Dream*.

P. 92 : « *Des Parisiens qui furent, qui montèrent et descendirent des escaliers* » pourrait évoquer *Le Paradis* de Dante : « Tu sentiras quel goût de sel il a/Le pain d'autrui, combien dur à descendre/ Et à gravir est l'escalier d'autrui ».

P. 95 : le « *flic préposé aux voies du silence* » fait penser au *Voix du silence* d'André Malraux, roman de 1951.

P. 101, puis 122, 171, 172 : « *Gibraltar aux anciens parapets* » reprend le dernier vers de la strophe 18 du « Bateau ivre » de Rimbaud.

P. 103 : « *le bleu du ciel* », est une allusion au roman de Bataille, *Le Bleu du ciel,* récit lu par Queneau en 1935, paru en 1957.

P. 132 : Gabriel, qui n'écoute que « *les intermittences de son cœur bon* », fait allusion aux « intermittences du cœur » dans *Sodome et Gomorrhe* (1912) dont le titre primitif fut d'ailleurs *Les Intermittences du cœur*. On peut penser que Raymond Queneau fait de nombreuses allusions à ce roman où Marcel Proust étudie les caractéristiques des homosexuels et de l'*homosexualité* à son époque. Par exemple, la première rencontre de Charlus et de Charles Morel a lieu dans une gare. Lorsque Gabriel dit « *Charles attend* », il cite Albertine qui déclare : « *je me disais Charles attend (charlatan). Ce n'était pas de très bon goût* ». Ce qui permet à Zazie de répondre immédiatement à son oncle, en écho aux paroles d'Albertine : « *Ah celle-là, je la connais, je l'ai lue dans les Mémoires du général Vermot* » (p. 11). Zazie semble associer l'*Almanach Vermot* et les *Mémoires* du général de Gaulle... Elle confirme plus tard : « *même le général Vermot aurait pas trouvé ça tout seul* » (123).

P. 132 : « *Des garçons vêtus d'un pagne commençaient à servir, accompagnés de demis de bière enrhumés, une choucroute* » évoquent ces vers de *La chanson du mal-aimé* d'Apollinaire : « Les cafés gonflés de fumée/Crient tout l'amour de leurs tziganes/ De tous leurs siphons enrhumés/De leurs garçons vêtus d'un pagne ».

P. 167 : « *Les projets des souris qui n'aboutissent pas plus que ceux des anthropoïdes* » paraphrase le poème de Robert Burns *To a Mouse* (1785) : « *The best laid schemes o' mice an' men/Gang aft agley'* » (« Les meilleurs plans des souris et des hommes/ Tournent souvent de travers »). Ce poème fournit à John Steinbeck le titre de son roman paru en 1937 : *Of Mice and Men* (*Des souris et des hommes*).

P. 175 : le « *Je suis flicard, voyez mes ailes* » de Trouscaillon s'apparente à « Je suis oiseau : voyez mes ailes./Vive la gent qui fend les airs ! » de « La chauve-souris et les deux belettes » des *Fables* de La Fontaine (livre II).

P. 180 : le propos « *Les enfants, c'est bien connu : ça n'a pas de cœur* », prononcé par la veuve Mouaque, rappelle « Cet âge est sans pitié » dans *Les Deux Pigeons* de La Fontaine (livre IX).

Deuxième partie. L'œuvre en examen

P. 193 : le « *J'ai vieilli* » final pourrait provenir de la fin de la nouvelle *Le Gambit du cavalier* de William Faulkner : « J'ai vieilli, dit son oncle. J'ai fait des progrès. » Queneau admirait Faulkner et a préfacé le roman *Moustiques*.

Présence des philosophes

De formation philosophique, Queneau parsème son roman d'allusions aux théories philosophiques : celle de Descartes « *mais moi je suis vivant et là s'arrête mon savoir* » et celle de Socrate « *je ne sais en ce moment précis et ici même je ne sais que ceci* » (p. 91).

P. 119 : la mention par Gabriel du « *silence des espaces infinis* » rappelle évidemment l'aveu de Pascal : « Le silence éternel de ces espaces infinis m'effraie » *Pensées**, 206.

P. 120 : si « *ses ravisseurs étaient devenus ses esclaves* », est une allusion à la dialectique hégélienne du maître et de l'esclave.

P. 120 : « *Le problème de la liberté* » provoque chez Gabriel « *la nausée* », une ironie évidente et caustique à l'égard de Sartre et de son célèbre roman *La Nausée*.

P. 154 : dans son « *discours* » prononcé au Mont-de-piété, Gabriel évoque « *cette fusion de l'existence et du presque pourquoi* » et semble jouer sur la théorie du « Je-ne-sais-quoi et le presque rien » de Vladimir Jankélévitch.

P. 189 : « *Je suis je* » cite l'alinéa 25 de *La Phénoménologie de l'esprit* de Hegel : « En tant que conscience de soi, le Je a l'intuition de lui-même, et l'énonciation de cette conscience dans sa pureté est Je = Je, ou Je suis Je. »

Chansons

P. 15 : « *C'est pour te faire rire, mon enfant* » rappelle la série de répliques du type : « C'est pour mieux te voir, mon enfant » du loup dans *Le petit chaperon rouge* de Charles Perrault. « *La maison de la belle au bois dormant* » (p. 31) est un autre souvenir de Charles Perrault.

P. 24 : Gabriel « *se mit à chantonner un refrain obscène* » qui mentionne les « *prouesses des trois orfèvres* », une célèbre chanson paillarde. Zazie connaît elle aussi cette chanson, « *le chat lui-même y aurait passé. Comme dans la chanson* » (p. 53) : « Les orfèvres, non contents de ça/Montèrent sur le toit, pour baiser le chat. »

P. 77 : « *On tire un coup, sur les marches du palais* » fait appel à la chanson d'amour française du XVIIIe siècle « Aux marches du palais » (« Aux marches du palais/Y a une tant belle fille, lon la/ [...] Elle a tant d'amoureux/Qu'elle ne sait lequel prendre, lon la/ [...] C'est un p'tit cordonnier/Qu'a eu la préférence, lon la »...). La citation est cocasse. Toute la grâce de la chanson est détruite par « on tire un coup ». Mais, de plus, Mado suggère peut-être que Gridoux eut, aussi, un temps, « la préférence »...

P. 91 : « *La tour n'y prend garde* » évoque une comptine avec le fameux refrain « La tour, prends garde » ; ici, la tour Eiffel, qui ne prend pas garde, demeure indifférente à tout ce qui se passe autour d'elle.

P. 189 : « *Gabriel portait Zazie toujours évanouie, Turandot Laverdure toujours maussade et Gridoux ne portait rien.* » Cette phrase rappelle *Malbrouck s'en va-t-en guerre* : « L'un portait son grand sabre,/L'autre ne portait rien. »

Deux chansons de Raymond Queneau

P. 16 : « *Non mais, fillette, dit Gabriel, qu'est-ce que tu t'imagines ?* » cite *Si tu t'imagines* chanté par Juliette Gréco et p. 179 « *Laissez-la dormir* [...] *Laissez-la rêver* » provient de *La Chanson de Gervaise,* composée pour le film *Gervaise* de René Clément en 1956.

Citations diverses

« *La foire aux puces qui va-t-à-z-eux* » est une allusion à la phrase du chevalier Lagardère « Lagardère ira à toi », que le langage populaire a transformé en « Lagardère ira-t-à-toi ».

P. 79 : « *Ne sutor ultra crepidam* » (« Que le cordonnier ne juge pas au-delà de la chaussure ») est une phrase du peintre Apelle qui, venant de terminer un tableau, l'ayant exposé et s'étant caché pour écouter les commentaires qu'il inspirerait, entendit un cordonnier critiquer la sandale d'un des personnages. Il retoucha alors cette partie. Mais lorsque le cordonnier voulut parler du reste de l'ouvrage, il l'arrêta. Cette phrase est devenue un proverbe qui met en demeure : « À chacun son métier ».

P. 79 : « *Usque non ascendam* » est la devise de Fouquet (« Jusqu'où ne monterai-je pas »).

P. 79 : la citation italienne, « *Anch'io son pittore* » (« Moi aussi je suis peintre »), est une phrase lancée par Le Corrège qui, transporté d'admiration devant *La Sainte Cécile* de Raphaël, aurait ainsi traduit la découverte qu'il faisait des pouvoirs extraordinaires qu'il possédait (elle est citée aussi dans *Les Fleurs bleues*).

« *Henri Trois* ». Ce roi de France (1551-1589) homosexuel, accorda un crédit excessif à ses favoris (ses mignons), tout en étant marié à Louise de Lorraine, appelée ici *Louise de Vaudémont* car elle était la fille de Nicolas de Lorraine, comte de Vaudémont.

P. 106 : « *Montjoie Sainte-Chapelle !* » est une imitation du cri de guerre des rois de France : « Montjoie Saint-Denis ! »

P. 164 : « *Veritas odium ponit* ». La citation véritable est *veritas odium parit* qui signifie : « La franchise engendre la haine. »

P. 164 : « *Victis honos* », « Honneur aux vaincus », est devenu un proverbe.

Films

P. 29 : « *Les visiteurs du soir* » ainsi que « *le visiteur du soir* » (p. 162), font allusion au film de Marcel Carné éponyme sorti en 1942.

P. 66 : Zazie se compare à « Michèle Morgan dans *La Dame aux camélias* » ; mais, en fait, ce fut Micheline Presle qui incarnait Marguerite Gautier dans le film *La Dame aux camélias* de Raymond Bernard en 1953 ; cependant, le manuscrit donnait « Michèle Morgan dans la *Symphonie pastorale* », film de Jean Delannoy (1946). L'actrice Micheline Presle plaisait beaucoup à Queneau, qui nomma même un de ses personnages Michel Presle dans *Journal intime de Sally Mara*.

P. 141 : « *L'affaire est dans le sac* » est un moyen-métrage des frères Prévert. Jacques en est le scénariste, Pierre le réalisateur.

De la rhétorique

L'art de bien dire est systématiquement mis au pilori et fait l'objet de pieds de nez constants de la part d'un auteur qui déteste les « *prétentiards* » : aussi exhibe-t-il avec humour les ficelles du discours, pour en faire éclater la boursouflure.

Le narrateur, comme contaminé par le langage de ses personnages, fait ressortir **les tours pléonastiques** dont le parler populaire est friand, par exemple en les accumulant comme dans le passage suivant : « *— Dégueulasse, qu'elle lui jette en plus en prime.*

Et elle lui recrache une seconde fois de nouveau dessus, en pleine poire ».

De même avec les **redondances** : « *On pourrait presque dire qu'il semblerait qu'il a l'air de réfléchir à quelque chose* » ; « *elle passa ses mains sur ses petites fesses moulées à souhait et perfection mêlées* ».

Ailleurs, il abuse de **l'antéposition**, dénonçant sans doute la prétention au beau discours : « *par illusoire précaution* », « *l'ému* *patron* », « *sur un vieil écorné carnet* », en même temps qu'il donne à ces syntagmes un tour archaïsant, ou expérimente poétiquement le rendu rythmique et sonore de ces inversions.

Il signale au lecteur le caractère creux du terme savant, décrivant d'un point de vue rhétorique tel ou tel propos anodin : « *anaphoriquement* » (p. 67) ; « *— Ça, faut avouer, dit Trouscaillon, qui, dans cette simple ellipse, utilisait hyperboliquement le cercle vicieux de la parabole* » (p. 117) ; le colosse Gabriel « *se pencha pour prononcer cette pentasyllabe monophasée : — Skeuttadittaleur...* » (p. 8) ; ou encore il met à distance l'énoncé, même poétique « *je ne sais que ceci, alexandrinairement : les voilà presque morts puisqu'ils sont des absents* ».

Pour conclure

Marie-Noëlle Campana

Cette nouvelle façon de parler – et donc d'écrire – que Raymond Queneau nomme « néo-français » est une tentative de rénovation de la langue.

Queneau s'appuie sur deux arguments :
- **le classicisme et l'orthographe conservatrice entravent la forte évolution du système phonétique en français moderne ;**
- **le vocabulaire a considérablement évolué, et une nouvelle syntaxe est également apparue.**

Fort de ces deux constats, il déclare que la langue parlée a pris au cours du XXe siècle une autonomie suffisante par rapport au français écrit pour être reconnue comme une langue à part entière, digne de produire des œuvres nouvelles. Il met en application ses réflexions avec cette intrusion substantielle de l'oral dans sa langue écrite dont l'exemple le plus savoureux est le néologisme introducteur de *Zazie dans le métro* : « Doukipudonktan ? » Pour

Queneau l'audacieux, il s'agit d'une nouvelle transcription de l'oralité.

Il a plusieurs objectifs.

- Cet enjeu théorique aurait tout d'abord **une visée esthétique** : Queneau rappelle le devoir de l'écrivain qui doit viser « *la constitution d'une nouvelle langue, beaucoup plus encore par la syntaxe que par le vocabulaire, nouvelle aussi par l'aspect, une langue qui retrouvant sa nature orale et musicale, deviendrait bientôt une langue poétique, et la substance abondante et vivace d'une nouvelle littérature*[1] ».
- Le néo-français passe bien entendu par **une réforme de l'orthographe** et indéniablement, cela fait rire : « *jérlu toudsuit lé kat lign sidsu, jépapu manpéché de mmaré*[2] ».

Effectivement, déchiffrer ce « *pentasyllabe monophasé : skeutadittaleur* », ou reconnaître des mots communs dans ces graphies « *ptête* » ou « *probab* », ou l'écriture des onomatopées « *houille qu'il disait, houïe là là, aouïe* » (p. 102) font sourire[3] et songer, aujourd'hui, on peut le redire, à l'écriture SMS.

De plus, comme l'écriture rabelaisienne, l'écriture quenienne, chargée de passion, se caractérise par une extrême variété de registres où se mêlent termes désuets, rares ou scientifiques, mais également mots de patois, expressions familières restituées, réécrites de manière fantaisiste, certes, mais avec le plus grand sérieux.

En contrepoint à cette fantaisie débridée, Raymond Queneau glisse de façon plus subtile, souvent ludique, voire parodique, une variété d'éléments textuels : citations (plus ou moins fidèles),

---

1. *Bâtons, chiffres et lettres*, collection « Idées », Gallimard, 1965, p. 26.
2. *Ibid.*, p. 22.
3. S. Freud, dans son essai *Le Mot d'esprit et ses rapports avec l'inconscient* montre que le lecteur, angoissé devant un mot inconnu, se met à rire lorsqu'il reconnaît un mot familier.

allusions, clins d'œil. Ces **intertextes** témoignent de la volonté de l'écrivain de se nourrir et de se jouer de la littérature, véritable matière première du roman. C'est aussi **une volonté de faire participer son lecteur à son œuvre romanesque**. En effet, Queneau reste partisan de l'« effort[1] » demandé au lecteur, qui doit reconnaître d'autres auteurs que celui qu'il est en train de lire. Car, pour l'auteur de Zazie, la littérature demeure une entreprise collective.

2. L'adaptation de l'esthétique du « déplacement » de Queneau par Louis Malle

Stéphane Vial

Confronté à une œuvre réputée non transposable, Louis Malle s'attaque à cette « gageure[2] » en déterminant un *modus operandi* qu'il exprime en ces termes : « *Cinématographiquement, il fallait trouver, au comique essentiellement "littéraire" de Queneau qui se situe au niveau du langage romanesque – donc du style, de la syntaxe, de l'orthographe, de l'"écriture" – des équivalences et recréer l'univers du livre d'une autre manière, par une critique de la forme cinématographique*[3]. » On peut ainsi se pencher sur le détail de ce programme d'adaptation en s'interrogeant sur la nature, la valeur et les effets des équivalences choisies par le réalisateur.

À l'attaque du classicisme cinématographique

Que signifie selon Louis Malle « *critique*[r] *la forme cinématographique* » ou, comme il le dit plus loin, « *désintégrer le langage*

---

1. *Ibid.* p. 34.
2. Entretien donné au journal télévisé du 26 octobre 1960 (disponible sur le site de l'INA www.ina.fr).
3. In *L'Avant-Scène cinéma,* n° 104, juin 1970.

cinématographique » ? Quels sont les moyens utilisés pour y parvenir ?

Il ne s'agit pas, bien entendu de « critiquer » ou de « désintégrer » la forme/le langage cinématographique dans son ensemble, sans quoi le film ne serait plus qu'un assemblage d'images dénuées de sens[1]. Il convient donc de nuancer les expressions du réalisateur, en les précisant. Il existe certes, une « critique », voire une « désintégration » dans l'adaptation de Louis Malle mais d'une certaine forme/langage cinématographique : le cinéma dit « classique » à tendance « réaliste[2] ». Cette esthétique cinématographique traque et exclut certaines approches, certains procédés visuels et sonores… que Louis Malle s'emploie à systématiquement utiliser dans son film.

Un montage qui privilégie la discontinuité

Un film est avant toute chose un assemblage de fragments d'espace et de temps (les plans*) sélectionnés et disposés dans un certain ordre. D'une manière intrinsèque, le film a donc une nature fragmentée, discontinue. Or, un des objectifs du montage, dans l'esthétique dite « classique » est de précisément faire oublier au spectateur que le film n'est qu'une succession de fragments. Pour ce faire, on va privilégier le montage le plus invisible et le plus fluide possible ; un montage qui va prévoir et mettre en place des points de jonctions entre les fragments, des sortes de « connecteurs » qui vont relier les plans entre eux : les raccords*.

Dans son film, Louis Malle, au contraire, utilise délibérément et fréquemment de **faux raccords**[3], autrement dit des « erreurs

---

1. Comme il peut l'être dans certaines productions artistiques expérimentales.
2. C'est-à-dire la très grande majorité des films proposés par l'industrie cinématographique.
3. Lui-même affirmait : « *Il faut une très bonne script pour faire de bons mauvais-raccords.* »

de raccord ». Un exemple parmi d'autres, à la séquence 27 : Gabriel discute, de sa fenêtre, avec Charles, en contrebas, avec casquette et lunettes noires ; les plans s'alternent selon le principe du champ/contrechamp*. Le plan suivant nous montre Charles sans casquette ; puis, chronologiquement, avec casquette mais sans lunettes noires (« *c'est Mado qui* [les] a »), enfin il « *récup*[ère] *lunettes et casquette* ». Parmi les autres « fautes » de raccord, on peut relever le *jump-cut* (saut) qui consiste à supprimer quelques images au sein d'un plan[1]. Il s'en suit un effet de saccade qui rompt l'unité et la fluidité (par exemple à la séquence 4, « *le tax à Charles* » s'arrête devant le bar de Turandot, le plan suivant nous montre les trois personnages descendant les escaliers, il y a donc saut entre les deux plans.) Ainsi, ces deux procédés, qui contreviennent aux principes « classiques », rendent le montage ostensible car ils révèlent la discontinuité du film, en exhibant les césures entre les plans. Ils montrent, en quelque sorte, la « machinerie » cinématographique.

Une utilisation particulière de la couleur

Alors que la couleur, par rapport au noir et blanc, est censée apporter une plus-value de réalisme au film, le parti pris esthétique de Louis Malle (épaulé à la photographie par William Klein) est radicalement inverse. Dans un entretien[2], il déclare en effet avoir décidé « *une utilisation systématiquement irréaliste de la couleur* ».

Pour cela, il choisit une saturation[3] de la couleur qui confère aux images une teinte non naturelle ainsi que des décors aux tona-

---

1. Et qui relève donc, aussi, de l'ellipse (voir « Un temps troué » p. 70).
2. Entretien donné au journal télévisé du 26 octobre 1960 (disponible sur le site de l'INA www.ina.fr).
3. La saturation est le degré de pureté d'une couleur filmo-photographique. Une couleur saturée a une grande intensité de couleur.

lités criardes[1]. **La couleur est aussi utilisée à des fins expressives** lorsqu'il s'agit de signifier visuellement l'émotion qu'éprouve un personnage : le visage de Gabriel « rougit » (séq. 7) lorsque Albertine lui annonce qu'il a oublié son rouge à lèvres ; plus loin les visages de Mado et d'Albertine deviennent orangés ou bleuâtres selon la nature plus ou moins sexuelle de leurs échanges.

Une déformation des distances

Les objets filmés peuvent se voir déformés grâce à l'utilisation de courtes focales* qui, du même coup, les déréalisent. Ainsi, aux séquences 3 et 49, on peut respectivement voir les visages de Gabriel et de Trouscaillon grossis de manière hyperbolique et caricaturale.

Un regard du personnage tourné vers le spectateur

Lorsqu'un personnage adresse un regard face à la caméra alors qu'aucun autre personnage n'est supposé occuper cette position dans la fiction, l'effet ou l'illusion de réel que le film tente de construire se voit momentanément rompu. En effet, la caméra n'est normalement pas censée appartenir à l'univers fictionnel du récit[2] : elle lui est extérieure. Or, ces regards-caméra sont nombreux dans le film de Louis Malle ; les personnages principaux l'exercent : Gabriel (séq. 28) nous regarde plusieurs fois lors de son monologue sur la tour Eiffel ; Albertine, souvent filmée de face, sourit à l'objectif (séq. 6, 46, 47) ; Zazie de même (séq. 24, 49) jusqu'au dernier plan du film (séq. 56). Trouscaillon, quant à lui, va plus loin encore puisqu'il joint au geste la parole, en

---

1. Comme on peut les voir dans les films de Jacques Demy (*Les Demoiselles de Rochefort, Peau d'Âne*, etc.), par exemple, auxquels Bernard Evein, le chef décorateur a participé.
2. À moins bien sûr qu'on nous montre qu'elle lui appartienne : par exemple, voir l'image d'un personnage provenant d'une caméra utilisée par un autre personnage.

Deuxième partie. L'œuvre en examen

s'adressant directement à nous, sur le mode de l'aparté théâtral : « *Elles se foutent de moi* » (séq. 44), « *J'ai un sacré béguin* » (séq. 55).

Une cadence de prises de vues modifiée

Comme on l'a indiqué ci-dessus, l'utilisation de l'accéléré est constant dans le film. Cependant, Louis Malle a également joué à manipuler ce procédé, comme il s'en explique :

> « J'ai tourné des scènes à huit images-seconde[1] (c'est-à-dire qu'elles passeront à l'accéléré à la projection) mais en faisant également jouer le comédien au ralenti. Ce qui fait qu'on obtient finalement le même mouvement qu'en filmant vingt-quatre images[2]. »

Là encore, utiliser un moyen visuel aussi voyant revient à rendre ostentatoire l'appareillage, le médium qui sert à filmer la fiction.

Un espace du plan exploité

Outre l'action principale généralement centrée dans le cadre, se déploient parfois d'autres actions, secondaires et souvent incongrues, situées dans les pourtours : une femme se fait assassiner alors que Zazie et Pedro-surplus discutent (séq. 18), un homme en combinaison rouge passe et repasse (séq. 16 et 19), un caméraman filme (séq. 21), un pickpocket suit inlassablement les personnages (séq. 1, 19, 20, 21, 23, 24, 29, etc.).

Bien que ces actions soient discrètes, ces récurrences tendent progressivement à distraire l'attention du spectateur, à modifier le parcours de lecture habituel du plan, en attirant son regard vers la latéralité ou la profondeur, et l'engager ainsi dans une recomposition personnelle de ce dernier[3]. À l'instar de Queneau, Malle,

---

1. La cadence normale au cinéma est de 24 images par seconde.
2. *L'Avant-Scène cinéma*, n° 104, juin 1970.
3. Comme lors d'une représentation théâtrale en somme.

en brisant l'unité d'action du plan « classique », fait proliférer des détails qui sont autant de *fausses pistes* pour le spectateur.

Des sons « appuyés »

Dans cette « *critique de la forme cinématographique* » classique, le traitement du son pour lequel opte Louis Malle n'est pas en reste. Si la postsynchronisation* a été choisie pour des raisons techniques, elle porte bien mal son nom pour ce qui est des dialogues dans la mesure où ces derniers sont rarement… synchrones : l'enregistrement du texte ne coïncide pas toujours avec le mouvement des lèvres des acteurs. D'autre part, les paroles peuvent être déformées dans le film jusqu'à devenir inaudibles : au moyen de l'accélération de la bande-son[1] (séq. 26, 29) ou de son inversion (séq. 23). Louis Malle, comme Queneau, pratique la rétention d'informations pour des raisons de bienséances en masquant insultes et propos sur la sexualité.

Enfin, on évoquera une utilisation des sons à des fins emphatiques : pleurs déformés de Zazie devant la bouche de métro (séq. 18) ; bruits comiquement exagérés (bruit de la casserole que Zazie abat sur la tête de Pedro, coup de gant de boxe, etc., lors de la poursuite – séq. 24) ; musiques aux rythmes très enlevés qui accompagnent une action elle-même rapide (séq. 24, 32, 47) ; parole en surimpression sur la musique (séq. 26) lorsque Pedro subjugué par la beauté d'Albertine déclare : « *l'amour peut naître d'un regard* ».

Vers une réécriture parodique, burlesque et dénonciatrice

Au-delà d'une remise en cause des formes établies du langage cinématographique susceptibles de correspondre à « l'écriture subversive[2] » de Queneau, Louis Malle a également cherché à

---

1. Voir « Un temps truqué » p. 73 et « Accélération de l'image et du son » p. 77 de ce volume.
2. Voir « La poétique de Queneau… » p. 138 de ce volume.

transposer les manipulations ludiques que le romancier effectue à partir des genres, des registres et des références littéraires. Aussi déclare-t-il au sujet des intentions de Queneau et des siennes :

> « *C'était comme de jouer avec la littérature et je m'étais dit que ce serait intéressant d'essayer d'en faire autant avec le langage cinématographique*[1]. »

Dès lors, il apparaît on ne peut plus logique que de **nombreuses références intertextuelles à des films de genres et de registres différents** se retrouvent dans le corps du film.

- Le pickpocket, omniprésent est une référence au film *Pickpocket* (1959) de Robert Bresson dont Louis Malle fut l'assistant au début de sa carrière.
- Le monologue de Mado (séq. 27) où elle clame son amour pour Charles s'appuie sur « *une chorégraphie qui rappelle les comédies musicales américaines*[2] ». On peut songer aux plus célèbres : *Chantons sous la pluie* (1952), de Stanley Donen et Gene Kelly ou *Tous en scène* (1953) de Vincente Minelli.
- Une série de gros plans, filmés en diagonales, de Gridoux et Pedro lors de leur conversation (séq. 27) est une « *allusion à film de J. Duvivier, Carnet de Bal* (1937)[3] ».
- Le nom du cabaret dans lequel se produit Gabriel, *Le Paradis*, est peut-être une référence au cabaret du même nom dans *L'Ange bleu* de Josef von Sternberg (1940). D'ailleurs, des statues d'anges bleus décorent l'endroit dans le film de Malle.
- Les dessins animés, notamment les *cartoons* américains (ceux de Tex Avery, de William Hana et Joseph Barbera entre autres) sont évoqués au travers de la nature et de la multiplication des gags dans la séquence de poursuite entre

---

1. Philip French, *Conversations avec Louis Malle*, Denoël, 1993, p. 42.
2. *L'Avant-Scène cinéma*, n° 104, juin 1970, p. 33.
3. *Ibid.*, p. 34.

Zazie et Pedro (séq. 24). Au cours de celle-ci, les explosions de bâtons de dynamite ou de bombes sont réalisées au moyen de dessins animés.
- Le genre cinématographique du *western* est rappelé grâce à la musique du générique et celle de la séquence 51.
- Louis Malle ne s'oublie pas et s'auto-cite par deux fois, au moins : lors de la scène de la rencontre « amoureuse » entre Albertine et Pedro (séq. 26), la musique utilisée est celle de son précédent film, Les Amants (« *le sextuor à cordes n° 1 en si bémol majeur op. 18 de Brahms*[1] ») ; vers la fin du film (séq. 47), lorsque Zazie déambule, exténuée, dans le quartier de Pigalle, la situation « *évoque avec humour la longue marche de Jeanne Moreau dans le premier long-métrage de Louis Malle,* Ascenseur pour l'Échafaud (1957) ».
- Il inclut enfin un clin d'œil au mouvement cinématographique d'avant-garde avec lequel il partage bien des partis pris esthétiques[2], en faisant dire à Gabriel « *Qu'est-ce que tu veux, c'est la nouvelle vague!* » (au lieu du « *Qu'est-ce que tu veux, c'est la nouvelle génération!* » dans le roman p. 16).

Le genre burlesque est, dans le film de Malle, la référence la plus sensible et la plus récurrente. Les gags, les situations comiques souvent incongrues, voire absurdes, se multiplient. On pense alors aux réalisations et/ou aux prestations des maîtres du genre : Mack Sennet, Buster Keaton, Harold Lloyd, Harry Langdon, Charles Chaplin ou Laurel et Hardy. Louis Malle rend hommage à ces grands noms, soit de manière individuelle (l'envahissement de la minuscule loge de Gabriel – séq. 49 – est une référence explicite à une séquence d'*Une nuit à l'Opéra* des Marx Brothers où plus d'une douzaine de personnes s'entassent dans la cabine

---

1. *Ibid.,* p. 31.
2. Voir p. 19 et 32 de ce volume.

d'un paquebot), soit de manière générale, la course-poursuite étant un « *motif central du burlesque*[1] ».

Cette contestation des principes classiques du cinéma, la revendication d'une liberté formelle qui lui est liée et la réutilisation de contenus filmiques patrimoniaux, ont servi « *une fidélité au deuxième degré*[2] » à l'œuvre de Queneau.

Cependant, ces choix prolongent et **dépassent l'objectif premier de la simple transposition filmique. Louis Malle propose en effet une œuvre originale** dont le récit est l'illustration d'un objectif personnel :

« *décrire, [...], parodier un monde lui-même désintégré. [...] exprimer ce dont témoignent notre cœur, notre cerveau et nos sens effrayés : je veux dire un univers moderne, chaotique, violent, informe, terrible, mais aussi fascinant et beau. [...] Au fond, tout le film est une parabole*[3]. »

Zazie dans le métro **de Louis Malle doit donc être vu et lu comme une réécriture argumentative du roman, comme un apologue contre-utopique qui s'appuie sur le burlesque pour** « *dénoncer les absurdités du monde moderne*[4] ».

---

1. Jean-Philippe Tesse, « Le Burlesque », *Cahiers du cinéma*, 2007, p. 82.
2. Entretien donné au journal télévisé du 26 octobre 1960 (disponible sur le site de l'INA www.ina.fr).
3. *L'Avant-Scène cinéma*, n° 104, juin 1970.
4. Entretien donné au journal télévisé du 26 octobre 1960 (disponible sur le site de l'INA www.ina.fr).

Clap de fin

Marie-Noëlle Campana

« **De quoi qu'on cause ?** »
Le néo-français, une illustration de la réflexion sur le langage

Pour Raymond Queneau, l'essentiel se trouve dans le rapport entre l'écrivain et le langage. S'il cède parfois au confort d'un calembour qui s'intégrerait sans difficulté à l'*Almanach Vermot*, il ne se contente pas d'un « bon mot » : malicieusement, sous couvert d'humour et de bonhomie, Queneau explore avec le plus grand sérieux les problèmes de philosophie du langage.

Écrire en néo-français permet de penser autrement : « *Il y aura non seulement une nouvelle poésie, mais encore une nouvelle philosophie* », écrit Queneau dans *Bâtons, chiffres et lettres*. Il ajoute même : « *Un langage nouveau suscite des idées nouvelles et des pensers nouveaux veulent une langue fraîche*[1]. » En d'autres termes, **changer la langue, c'est changer l'homme**. Queneau voit donc dans cette nouvelle forme d'écriture une perspective anthropologique[2] : le néo-français deviendrait un moyen de transformation de l'homme. Mais cette expectative pose aussi d'autres questions : si les langues se transforment, comment comprendre et évaluer cette évolution ? Est-ce un phénomène naturel, une avancée ou une dégradation ?

Sans avoir les réponses à ces questions, Raymond Queneau attendait néanmoins du néo-français une véritable révolution

---

1. *Ibid.*, p. 41.
2. Anthroplogie : étude générale de l'homme sous le rapport de sa nature individuelle ou de son existence collective, sa relation physique ou spirituelle au monde, ses variations dans l'espace et dans le temps, etc.

langagière. Beau joueur, il admet publiquement ses err[...] un article en 1969, « Errata[1] ». Il concède avec sincéri[...] cru que l'on pouvait établir une grammaire de l'oral [...] sur une grammaire de l'écrit. Cette transcription était recevable uniquement pour un lecteur averti, possédant foncièrement la notion de la transgression, et sachant lire ce jeu. Ce lecteur devait avoir une solide culture de l'écrit pour évaluer tous les niveaux de réécriture, ce qui fit dire à Queneau, un peu déçu : « La thèse du néo-français ne me paraît plus aussi fondée[2]. » Les perspectives du néo-français, sans contester ni sa vitalité, ni ses ressources littéraires, ont créé un style qui manifestait une vision du monde réaliste et fantaisiste. Les réflexions personnelles de Queneau à propos de la langue l'ont aidé à construire un style original, en réalité éloigné d'un néo-français et rigoureusement à l'abri de l'instabilité de la langue parlée.

L'être ou le néant, voilà le problème

La question de l'existence, récurrente dans l'œuvre, est envisagée sous différents angles et répond à de nombreuses interrogations d'ordre philosophique.

Tout d'abord, Queneau s'inspire de la méthode cartésienne, à savoir ne tenir pour vrai que ce qui est reconnu comme évident, tout pouvant être, dès lors, un objet de soupçon. D'emblée, Zazie expérimente le doute en écoutant son oncle et Charles, un chauffeur de taxi qui devrait à l'évidence connaître Paris, lui désigner les monuments de Paris :

> « Regarde ! Le Panthéon !
> — C'est pas le Panthéon.
> — Qu'est-ce ça serait alors d'après toi ?
> — J'en sais rien [...]

---

1. « Errata », in *La Nouvelle Revue française*, 196, 1er avril 1969, p. 627-629.
2. « Errata », article cité, p. 629.

> — Regarde! C'est les Invalides.
> — Ça n'a rien à voir avec les Invalides.
> — Apprends nous cexé.
> — J'en sais rien. [...] tout au plus la caserne de Reuilly » (p. 13-14).

Comment faire confiance aux adultes qui sont censés vous apprendre l'existence? D'autant plus que le même dialogue se reproduit à nouveau entre les deux hommes:

> — Regarde! le Panthéon!
> — C'est pas le Panthéon, c'est les Invalides [...]
> — T'en es tellement sûr que ça?
> — J'ai trouvé, [...] c'est pas les Invalides, c'est le Sacré-Cœur (p. 88).

puis entre Fédor et Gabriel:

> « Tu oublies que je leur ai montré la Sainte-Chapelle [...]
> — C'est le Tribunal de Commerce que tu leur as fait visiter » (p. 124).

À travers l'impossible identification de divers lieux parisiens, **Queneau s'interroge sur la véracité de la référence à la réalité.** Ainsi, à propos du sens du mot « *hormosessuel* », les adultes donnent à Zazie de fausses informations: « *C'est un monsieur qui met des bloudjinnzes, dit doucement Marceline* » (p. 65), ou lui permettent de faire des hypothèses qu'ils valident « *Qu'il se mette du parfum? [...] Voilà. T'as compris* » (p. 87), puis qu'ils démentent: « *Tu n'as rien deviné du tout* » (p. 104).

Alors, Zazie demande à « voir ».

> — *Et vous, demanda Zazie. Vous l'êtes, hormosessuel?*
> — *Est-ce que j'ai l'air d'une pédale?*
> — *Non, pisque vzêtes chauffeur.*
> — *Alors tu vois.*
> — *Je vois rien du tout.*
> — *Je vais quand même pas te faire un dessin* (p. 87).

ou

> — *Tu comprends ce mot-là: hormosessuel?*
> — *Bien sûr, hurla Gabriel, veux-tu que je te fasse un dessin?* (p. 94)

Parce que l'expression « faire un dessin » est un cliché vidé de réalité matérielle – encore qu'ici, Queneau s'amuse certainement aussi à jouer avec l'équivoque –, Zazie pousse les adultes dans leurs derniers retranchements. Ainsi, Gabriel l'emmènera voir son numéro au Mont-de-Piété. Pour lui, c'est une preuve visuelle évidente... qui restera opaque et partielle pour Zazie et qui la confortera dans son incertitude. Voir pourrait devenir la vérité, mais cette vérité se construit par l'intermédiaire d'un point de vue personnel :

> *Je vous regardai tout à l'heure, vous étiez marants tous les deux le flicmane et vous.*
> *— À tes yeux, dit la veuve Mouaque.*
> *— « À mes yeux ? » Quoi, « à mes yeux » ?*
> *— Marants, dit la veuve Mouaque. À d'autres yeux, pas marants* (p. 127).

Auparavant, le dialogue entre Gridoux et Trouscaillon – à ce moment Pedro-Surplus – avait montré que l'évidence n'est jamais définitive :

> *Vous voulez savoir mon nom par egzemple ?* [...]
> *— Eh bien je ne le sais pas.* [...]
> *— Comment ça ?* [...]
> *— Est-ce qu'on a besoin d'apprendre son nom par cœur ?* (p. 83)

On remarque également que le roman refuse d'accorder toute caution au discours narratif, révélant ainsi une vérité toute relative, donc incertaine. « *On pourrait presque dire qu'il semblerait qu'il a l'air de réfléchir à quelque chose* » (p. 78) ; « *Il regardait le perroquet avec l'air d'avoir le cœur soulevé de dégoût* » (p. 150).

Par ailleurs, les apparitions ou disparitions des personnages conduisent à mettre en doute la réalité des individualités. Ainsi, par exemple, de Jeanne Lalochère et de Trouscaillon. Ce dernier est un personnage dont « la réalité » est particulièrement complexe : il est d'abord un passant, puis « *un type* » face à Zazie, qui pense qu'il est un « *satyre* », « *un vieux salaud* ». Puis, il ramène la

« *petite* » et là, il se présente comme « *un pauvre marchand forain* [...] *connu sous le nom de Pedro-Surplus* » (p. 59-60). Il disparaît au chapitre IX et revient sous les traits d'un « *flic* », nommé Trouscaillon, qui reste présent jusqu'au chapitre XII et ne revient qu'au chapitre XV, désormais « *inspecteur Bertin Poirée* » (p. 160). Redevenu Trouscaillon le temps du chapitre XVI, il quitte son uniforme et « *réapparaî(t) en triomphateur* » au chapitre XVIII sous le nom d'Aroun Arachide; et tandis que l'ensemble des personnages s'enfuit dans les égouts, la narration abandonne là ce personnage protéiforme, à l'identité mouvante. Clamant « *Je suis je* » qui fait allusion à « la conscience de soi » de Hegel, Trouscaillon – et ses différents avatars – **interroge les rapports entre illusion et réalité.**

Comme aurait pu le dire Hegel, Trouscaillon reste à l'état de conscience immergée dans la réalité, « *la vie m'a fait ce que je suis* » dit-il (p. 169) et ne possède pas d'existence fixe, sauf celle de l'apparence et de la métamorphose, comme si l'existence n'était qu'une vaste mise en scène. Gabriel et Marceline participent, d'ailleurs, à cette mise en scène, mais se démasquent : Marceline ne se dissimule plus au dernier chapitre, et Gabriel, incidemment, dévoile sa nature : « *Je vous emmène aux Nyctalopes. C'est là où je suis le plus connu* » (p. 173). Queneau joue très subtilement sur le nom cette brasserie : le substantif « nyctalope » signifie « celui qui voit dans la nuit », le nom se justifie donc puisque cette brasserie accueille ses clients jusqu'au petit matin, mais sous ce toponyme[1] se cache (ou se superpose) la phrase « nique ta lope[2] » ! On reconnaît là une des constantes de l'écriture quenienne, à la fois distinguée et très coquine...

---

1. Un toponyme est un nom de lieu.
2. La caractérisation « lope » appartient au lexique des personnages. Zazie : « qu'est-ce que c'est au juste une tante ? [...] une pédale ? une lope ? » et Turandot : « dis donc, eh lope sois pas insolent ».

Deuxième partie. L'œuvre en examen

Cette tendance marquée à la **re-connaissance** (dont parle Gabriel) est constante dans le roman – autant que dans l'œuvre de Queneau. Fedor **re-connaît** « Gabriella » dans la rue, alors que Zazie est **re-connue** par un Sanctimontrais au milieu de l'embouteillage (p. 114). Quant à Marceline, seule Jeanne Lalochère la nomme de son vrai prénom, car la narration passe sous silence la réaction des personnages aux Nyctalopes, et ne précise pas qu'ils connaissent sa véritable identité... Mais c'est Trouscaillon qui marque les esprits : Zazie est certaine d'« *avoir vu quelque part* » (p. 109) ce « *flicard* », et Gridoux identifie rapidement « *le satyre* » qui « *coursait* » Zazie (p. 173). La re-connaissance joue donc un rôle primordial dans l'accession à la conscience de soi hégélienne :

« *Ce n'est qu'en étant reconnu par un autre, par les autres, et – à la limite – par tous les autres, qu'un être est réellement humain*[1]. »

En d'autres termes, le personnage – donc l'être – ne peut accéder à la Conscience de soi – et ainsi affirmer son existence – que par l'intermédiaire d'un autre. Si Trouscailon est « re-connu » à plusieurs reprises, on peut penser qu'il accède à la conscience de soi et qu'il devient Homme, ou Conscience selon la théorie hégelienne. Mais ses déguisements – « le métier de l'enveloppe » (p. 167) – le mettent en porte-à-faux. **Trouscaillon réunit à la fois le processus de la quête identitaire et sa parodie. Cette affirmation du « Je » proclamée par ce « personnage essentiel » selon Queneau montre à quel point la quête de l'identité est difficile et complexe pour l'être humain.**

Queneau joue également du questionnement maïeutique cher à Socrate, dans l'ensemble du roman. Tous les personnages

---

1. Brunella Eruli, « Valentin, Marie-Claire et Hegel : un voyage dans Paris », in *Les Cahiers Raymond Queneau*, publication des actes du colloque « Raymond Queneau et la ville », n° 17-19 p. 25, 1990.

posent des questions sans réellement obtenir de réponses hormis dans ce dialogue anodin :

> *Vous ne répondez pas aux questions qu'on vous pose.*
> *— Lesquelles par exemple ?*
> *— Aimez-vous les épinards ?*
> *— Avec des petits croûtons je les supporte, mais je ne ferai pas des folies pour.*

Si la référence incongrue aux épinards prête à sourire, elle révèle à quel point les personnages ne peuvent obtenir de réponse « sérieuse » à leurs questions car le dialogue débute par « *Vous ne répondez pas aux questions qu'on vous pose.* » Seules les questions concrètes trouvent une réponse. Mais ce comique cache une démarche plus sage : c'est en questionnant leur maître que les disciples de Socrate accédaient à la vérité. Les personnages ont la même aptitude que Socrate à énoncer les interrogations existentielles. Si Zazie interroge sans cesse « *Qu'est-ce que le métro ? Qu'est-ce qu'un hormosessuel ?* », c'est qu'elle est face à deux réalités inconnues, et qu'il lui faut découvrir la vérité vraie. Le mystère de l'homosexualité lui reste fermé à cause des dérobades des adultes comme lui reste impénétrable ce métro en grève. Mais dans ce questionnement incessant, burlesque et inquiétant pour cette petite fille, Queneau montre que la démarche du questionnement est essentielle et prime sur la justesse de la réponse. Seul compte le cheminement de la pensée.

« Tu parlais comme ça quand t'étais gosse ? »

Zazie, l'enfant du roman, devrait disposer d'une langue spécifique à son âge, c'est-à-dire une langue en construction, qui n'a pas encore complètement intégré les normes adultes. Tout d'abord, les normes condamnent les « *gros mots de la ptite* » (p. 21). Mais la notion de vulgarité se révèle fluctuante : Turandot ou Charles utilisent les mêmes termes que Zazie, « *mélancolique mon cul* » (p. 20) ou « *je cause mon cul* » ce à quoi Gabriel, en

Deuxième partie. L'œuvre en examen

parfait défenseur de l'éducation, rétorque « *répète un peu voir ce que t'as dit* ». Turandot dépasse même la vulgarité de Zazie quand il s'exclame « *merde de merde, je ne veux pas d'une petite salope qui dise des cochoncetés comme ça* » (p. 20). L'adulte est supposé connaître la norme des bonnes manières et peut donc s'autoriser à la transgresser... Sous couvert d'humour, Queneau met en scène cette ambiguïté des conventions.

La veuve Mouaque, offusquée par « la grossièreté » de Zazie en déduit que ce langage peu adapté à une petite fille n'est que la reproduction du langage adulte de son entourage : « *Vous m'avez l'air d'un drôle d'éducateur, vous* [...] *la preuve, vous n'avez qu'à l'écouter parler* » (p. 102). Parce qu'elle est encore une enfant (étymologiquement du latin *infans*, celui ou celle qui ne sait pas parler) on s'adresse à Zazie en utilisant un langage infantilisant : « *comme ça on va se coucher ?* » (p. 23) ou « *On a un gros chagrin ?* » Zazie ne légitime pas ce rôle préétabli du langage : « *qui ça on ?* » pas plus que le narrateur qui parle de « *stupide hypocrisie de cette question* ».

Dans le roman, comme tout enfant, Zazie apprend la langue des adultes et l'aborde comme un matériau ludique. Désignant son oncle, elle déclare fièrement : « *et lui, c'est ma tante* » (p. 106), plaisanterie qu'elle reprendra très peu de temps après face au « flicard » (p. 107). Mais si elle pense être drôle, en réalité, elle ne fait que répéter un jeu de mots éculé ! En revanche, elle met à mal l'humour des adultes en citant les *Mémoires* du général Vermot (p. 11, p. 123), comme si les adultes à ses yeux ne pouvaient produire qu'un humour peu raffiné. En fin de roman, elle daigne citer cette référence :

Voilà qui semble friser l'injure.
— C'est pas une frisure, dit Zazie mollement, c'est une permanente.
Comme Gabriel et Gridoux s'esclaffaient, elle ajouta pour leur usage et agrément :

— *C'en est encore une que j'ai trouvée dans les Mémoires du général Vermot* (p. 177).

Cette plaisanterie qui illustre une des facettes de la culture populaire française a comme rôle principal de réduire la distance entre « la mouflette » et son entourage parce qu'ils goûtent le même humour. Pour l'enfant, ce rire complice fait alors reculer l'insécurité du monde adulte. Cette insécurité s'exprime aussi par le mensonge des adultes. Si Zazie peut croire que son oncle est « *veilleur de nuit* », elle constate réellement le pouvoir mystificateur du langage dans la réponse du forain : « *Y avait des mouflettes dans leur armée aux Amerlos ? Y avait de tout […] faut de tout pour faire une guerre* » (p. 49). Il s'agit donc de déceler la vérité dans les paroles des adultes, dans leurs « *blagues* » (p. 65) et leurs « *déconnances* » (p. 180).

Ainsi, ce dialogue à propos du métro :

> *Le métro ! beugle Gabriel, le métro ! mais le voilà !!*
> *Et du doigt, il désigne quelque chose en l'air.*
> *Zazie fronce le sourcil. Essmefie.*
> *— Le métro ? […] le métro, c'est sous terre, le métro. Non mais.*
> *— Çui-là, dit Gabriel, c'est l'aérien.*
> *— Alors c'est pas le métro.*
> *— Je vais t'esspliquer. […] quelquefois il sort de terre et ensuite il y rerentre.*
> *— Des histoires.*

Zazie met en cause ce qui semble naturel à l'adulte : le métro roule parfois sur des rails aériens. Mais elle pose surtout la question de la définition des mots : est-ce que l'on doit nécessairement inclure le trait sémantique « sous-terre » dans la définition du métro que Gabriel avait validé dès leur première rencontre (« *le métro s'est endormi sous terre* » p. 11) ? Devant cette interrogation sous-entendue, Gabriel « *se sent impuissant* » (p. 13). Réduit au silence, il ne peut accompagner sa nièce sur ce terrain, car contrairement à Zazie, il ne considère pas la langue comme un

Deuxième partie. L'œuvre en examen

objet d'expérimentation encore moins comme objet de réflexion, ou de doute. Zazie a cette capacité de réflexion car elle se trouve encore dans ce processus d'acquisition de la langue qui caractérise les enfants. L'originalité de Zazie réside dans la réduction de la distance existant entre un adulte qui connaît la langue et l'enfant qui s'approche progressivement de la connaissance de cette langue. Elle seule, grâce à (ou malgré) son jeune âge, interroge le sens des mots et les fondements de la langue, ce qui devrait être une activité d'adulte. Elle réduit ainsi son oncle au silence, et son discours, qui instaure l'autorité, renverse le rapport enfant/adulte. Elle réitère le procédé « *Compris? dit Gabriel. Qu'est-ce qu'il y a comprendre? demanda Zazie* » (p. 19). Pour Zazie, il faut parler vraiment, et le « *compris* » qui ne délivre aucun message réel ne peut satisfaire Zazie car toute parole doit avoir un sens : « *Tu dis oui comme ça ou bien tu le penses vraiment?* » (p. 22). Même le « oui » le plus banal devient suspect ! Il faut donc libérer le langage des contraintes qui peuvent se révéler mensongères. Son discours qui dérègle le langage adulte terrasse également Charles :

> *Pourquoi qu'on dit des choses et pas d'autres?*
> *— Si on disait pas ce qu'on a à dire, on se ferait pas comprendre.*
> *— Et vous, vous dites toujours ce que vous avez à dire pour vous faire comprendre?*
> *— (geste).*
> *— on est tout de même pas forcé de dire tout ce qu'on dit, on pourrait dire autre chose.*
> *— (geste).*
> *— Mais répondez-moi donc!*
> *— Tu me fatigues les méninges, C'est pas des questions.*
> *— Si, c'est des questions. Seulement c'est des questions auxquelles vous savez pas répondre* (p. 89).

Pour les adultes, le langage sert à communiquer, d'où la répétition des verbes « dire », « comprendre », « répondre »... Mais Zazie met à mal cette fonction de communication avec la question déroutante « *Et vous, vous dites toujours ce que vous avez à dire pour vous faire comprendre ?* » devant laquelle Charles, comme Gabriel, ne peut qu'avouer son impuissance... et fuir.

De même, elle expérimente confusément la méconnaissance linguistique des adultes. Trouscaillon, désireux d'impressionner Zazie, explique : « *ils vont à la foire aux puces* [...] *ou plutôt c'est la foire aux puces qui va-t-à-z-eux* » (p. 46). Ce double pataquès[1] a pour origine une règle phonétique comme on l'entend dans « de quoi parle-t-on ? ». Trouscaillon applique cette règle en faisant une erreur mais Zazie, dans sa connaissance encore désordonnée des conventions linguistiques, ne la remarque pas, et répond sur un mode différent : « *Ah, la foire aux puces, dit Zazie de l'air de quelqu'un qui veut pas se laisser épater.* » Il n'est pas sûr que Gabriel ou un autre adulte sache lui expliquer cette règle-là, malgré Marceline qui « *connaît bien la langue française* » (p. 22) ou Fédor qui, lui « *connaît à fond la langue française* » (p. 124). Zazie, comme son entourage, fera donc des liaisons inappropriées : « *moi zossi* » (p. 124), « *des papouilles zosées* » (p. 54).

En revanche, sa connaissance aiguë du fonctionnement du langage l'éloigne du monde de l'enfance. Lorsqu'elle pose à nouveau la question de l'homosexualité de son oncle, elle trouve de nombreux synonymes, qu'aucun des personnages n'a encore employé, comme si elle délimitait et construisait le champ sémantique de l'homosexualité sans l'aide des adultes : « *qu'est-ce que c'est au juste une tante ?* [...] *une pédale ? une lope ? un pédé ? un hormosessuel ? y a des nuances ?* » (p. 131). Les réponses adultes ne lui donnent aucune précision verbale, et parce que « *les mots n'ont plus le même sens qu'autrefois* » (p. 108), l'adulte l'engage

---

1. Faute de liaison, dans la prononciation, consistant à substituer un *s* à un *t* final, ou réciproquement, et plus généralement, à faire entendre une consonne qui n'existe pas à la finale du mot précédent.

Deuxième partie. L'œuvre en examen 181

dans un registre autre que verbal : « *je t'espliquerai* [...] *même mieux tu verras* » (p. 121).

Parce que les adultes la considèrent comme une enfant, Zazie n'aura pas de réponse formelle, c'est ce que suggère Queneau lorsque Zazie s'approche de la bouche de métro, cet « abîme interdit[1] » (p. 56). Ce refus de réponse trouve un écho dans la grève des transports. *Zazie dans le métro*, le titre, fonctionne comme une antiphrase, joue de l'absence de ce moyen de transport urbain, comme si cette impossibilité d'être transporté comportait bien d'autres significations. En effet, Zazie désire connaître le sens du mot homosexuel, mais elle désire également connaître le sens de l'expression « être transporté(e)[2] » et être transporté(e) par en dessous, de surcroît...

Le roman est alors bâti sur les esquives des personnages et leurs réponses non satisfaisantes. L'apprentissage de Zazie reste *in fine* lacunaire : la connaissance approximative du mot « homosexuel » rejoint sa connaissance confuse du métro... et le roman illustre le cheminement linguistique de Zazie dans sa progressive découverte des schémas rhétoriques adultes.

Le « *j'ai vieilli* » final signifie alors que Zazie perd un peu de sa fraîcheur d'enfant et entre dans la langue adulte, avec ses faux-semblants, ses dérobades et ses ruses. Pour Queneau, seul l'enfant peut éclairer le lecteur sur le vieillissement de certaines normes langagières.

---

1. Face à Zazie, le discours érotique est tenu secret. C'est ainsi qu'elle est absente des trois chapitres où la sexualité est clairement dite : le chapitre VII où Mado parle de ses relations sexuelles avec Charles, le chapitre XIII, le dialogue saphique entre Mado et Marceline, et l'entrevue de Trouscaillon avec Marceline au chapitre XV.
2. L'autre sens du mot transport est « vive émotion, sentiment passionné ; manifestation d'une forte émotion, d'un fort sentiment ».

« La vérité. Comme si tu savais cexé »

Dès *Le Chiendent*, son premier texte romanesque, Raymond Queneau brouille les apparences. Ce jeu entre masque et vérité détermine un style d'écriture, une composition particulière ainsi qu'une thématique. *Zazie dans le métro* s'inscrit parfaitement dans cette dualité. Le projet d'écriture du roman traduit une ambiguïté : Queneau note dans son journal « *commencer par la lettre A. Finir par la lettre Z*[1]. » Comme l'écrit Paul Gayot :

> On peut remarquer que le z et le a sont les deux premières lettres de Zazie et que le roman commence et se termine à la gare d'Austerlitz, dont le nom commence et se termine par les dites lettres. On peut plus banalement imaginer en cet alpha et cet oméga l'intention de l'auteur de commencer par la fin[2].

Le titre du roman se révèle fallacieux. *Zazie dans le métro* prépare le lecteur à la découverte du métro parisien par une petite provinciale, or la grève contrarie le désir de la petite fille. Le lecteur veut savoir si elle arrivera à prendre « *ce moyen de transport éminemment parisien* » (p. 11). Effectivement, Zazie sera bien dans le métro, mais endormie, et sans la conscience que son objectif est atteint. Son rêve de métro reste donc à la fois réalisé et inachevé.

Le titre annonce également Zazie comme personnage principal. Elle occupe, en effet, une partie essentielle de l'espace du roman. Cette enfant irrévérencieuse et intrépide, aux relations ambiguës avec les adultes, court follement dans la capitale et s'oppose à l'immobilisation du métro. Mais curieusement, elle disparaît durant trois chapitres (7, 13 et 15), et tout aussi curieusement, elle perd de sa vigueur dès sa présence au Mont-de-Piété, à partir du chapitre 14 : « *Laverdure s'est endormi. Zazie*

---

1. J. 726.
2. Raymond Queneau, *Zazie dans le métro*, in *Œuvres complètes*, sous la direction d'Henri Godard, tome III, Paris, Gallimard, 2006, Bibliothèque de la Pléiade, p. 1696.

résiste courageusement » (p. 171). Elle intervient alors épisodiquement, « *mollement* » (p. 177), tandis que le récit s'accélère et se débride. Elle ne se réveille que pour se mêler à la bagarre générale, et poser à nouveau la question-refrain sur l'homosexualité de Gabriel, comme si le roman redevenait son terrain d'action, puis elle s'évanouit à la mort de la veuve Mouaque. Son réveil au chapitre 19, à la gare d'Austerlitz, fait écho à celui de sa mère – « *Jeanne Lalochère s'éveilla brusquement* » (p. 192). **Elle laisse progressivement la place à Gabriel, comme si Queneau la déchargeait peu à peu du rôle de personnage principal qu'il avait annoncé dans son titre.**

Les personnages portent cette ambivalence générée par un titre un peu trompeur ; notamment avec la figure de l'inversion[1]. Ainsi dans le couple Marceline et Gabriel, chaque élément peut être qualifié d'interchangeable. Marceline devient Marcel, Gabriel, Gabriella ; Gabriel est Gabriella la nuit, « *dans sa boite de pédales* » (p. 81). Marceline, femme d'intérieur le jour, devient Marcel, dehors, la nuit. L'inversion clôt le roman : Gabriel rentre au foyer et Marcel prend sa place à la gare, ce qui modifie la répétition de la scène initiale, Zazie à la gare avec sa mère, en compagnie d'un homme à l'identité sexuelle douteuse. Si l'apparition de Marcel sonne comme un coup de théâtre et met au jour la mystification, le métier de Gabriel « *danseuse de charme* » est vite révélé à la fin du chapitre 5. Si le prénom *Gabriel* pose la question du sexe des anges – Zazie la traduira d'une autre manière –, le personnage alterne les attitudes viriles et féminines :

« *Un rideau de velours rouge se magiquement divisa selon une ligne médiane* […] *laissant apparaître la piste du Mont-de-Piété* » (p. 151).

où Gabriel évolue en Gabriella.

---

1. Au Moyen Âge, le terme d'« homosexualité » n'existant pas, cette attirance est qualifiée d'« inversion ».

Mais plus tard, Gabriel apparaît en super-héros triomphant de la bande de « *loufiats [...] déchirant le rideau, formé par ses adversaires* » (p. 184).

L'opposition entre ces deux scènes représente les deux visages de Gabriel. Cette alternance s'illustre en outre avec ce parfum « *Barbouze de chez Fior* », nom-refrain qui revient curieusement aussi fréquemment que la question de Zazie. Malgré les dénégations de Gabriel, « *Barbouze de chez Fior* » le désigne manifestement comme homosexuel. Avant de donner le nom de ce parfum, Gabriel « *se tamponne le tarin*[1] » (p. 8). Or, depuis Rabelais, l'équivalent nez/phallus n'est plus à discuter... Le nom sonne comme « bouse » et « fiente » ; de plus l'origine animale[2] de son parfum, « *d'ambre lunaire et de musc argenté*[3] », confirme une tendance homosexuelle. La provenance, animale et intestinale, de ces substances semble d'ailleurs enchanter Gabriel :

— *Faut comprendre les gens, lui dit Charles. Y a des croquants qui n'aiment pas ce qui est raffiné.*
— *Raffiné, vous me faites rire, dit le type. On a raffiné ça dans une raffinerie de caca.*
— *Vous croyez pas si bien dire, s'esclama Gabriel joyeusement. Il parait qu'il y en a une goutte dans les produits des meilleures firmes* (p. 71).

---

1. De nouveau p. 120, face à Trouscaillon.
2. « *Le ptit type* » et sa « *bonne femme* », incommodés par ce parfum reconnaissent l'animal : ils traitent Gabriel de « *gros cochon* » puis de « *gorille* ». (p. 9), deux animaux à odeur forte...
3. Le précieux musc est une substance sécrétée par les glandes abdominales du chevrotin, l'ambre provient des sécrétions intestinales du cachalot. La valeur aphrodisiaque de l'ambre est, par ailleurs attestée par la définition de l'expression « fin comme l'ambre » du *Larousse* de 1877 : « se dit d'un homme adroit et pénétrant ». L'allusion, aussi anodine qu'excitante, peut se faire évidence à qui veut l'entendre, et l'on peut laisser courir son imagination grâce à l'intelligence conjointe de la culture et de la langue française...

Les effluves de « *Barbouze* » se prêtent à un discours apparemment contradictoire, quant à la révélation de cette homosexualité. Si la veuve Mouaque atteste cette qualité de « *parfum d'homme* » face à Gabriel, elle déclare à Zazie : « *Tu n'as rien deviné du tout* », sous-entendant que Zazie, malgré l'indice irréfutable qu'elle exige – « *Tonton, sors un peu voir ta pochette* » –, n'a pas deviné le sens du mot « *hormosessuel* ». Auparavant, la veuve Mouaque avait déclaré : « *Y a pas de doute* [...] *que vous en êtes une* » (p. 104-106). Et, à la fin de cette discussion sur le parfum, Zazie comprend confusément la nature de son oncle : « *C'est ma tante, dit Zazie* » (p. 107). Le discours des « *hanvélo* » comporte également une apparente interrogation sur la nature du parfum :

> « *Toi, dit le hanvélo qui causait. Toi, tu pues. (Un temps). La marjolaine. — La marjolaine, s'écria Gabriel avec commisération. C'est Barbouze de chez Fior* » (p. 176).

Cette senteur forale, traditionnellement féminine, inscrit donc Gabriel du côté de Gabriella d'autant plus qu'il place sa pochette dans « la manche[1] », ou « dans sa poche », places essentiellement féminines...

Que penser alors des scènes de séduction de Mado ou de Trouscaillon face à « *la douce Marceline* » ? À qui ces deux personnages s'adressent-ils en réalité ? Trouscaillon voit-il Marcel, comme il a décelé la nature de Gabriel ? Ou est-il aveuglé par Marceline ? De même, Mado a-t-elle aussi une attirance pour les femmes ? Ou a-t-elle deviné l'homme séduisant ?

La narration parsème des indices qui s'opposent sans déterminer nettement une position, et l'ambiguïté de Gabriel et de Marceline reste un ressort narratif. Il faut le lire tel quel, et se jouer avec Queneau des interrogations sur l'apparence.

---

1. Selon *Le Dictionnaire érotique* de Pierre Guiraud, être de la manche, ou de la manchette signifie être « sodomite ».

Une autre figure d'inversion régit le couple inséparable Turandot-Laverdure. L'un ne se déplace pas sans l'autre, et la seule fois où le cafetier sort sans Laverdure, il est pris à parti par les passants (p. 32-34), alors qu'on aurait pu penser que seul Turandot protégeait ce volatile. Lui, défend également son animal :

> « *Pourvu que Laverdure attrape pas un mauvais coup* [...]. *En voilà un qui me paraît bon pour la casserole, dit Trouscaillon* [...] *Jamais, s'écrie Turandot en serrant la cage sur son cœur. Plutôt périr!* » (p. 188-189).

Le récit en fait un couple surprenant :

> *Charles, que Laverdure n'avait jamais beaucoup intéressé, se pencha vers son propriétaire pour lui glisser à mi-voix : dmanddzi si ça colle toujours le marida.*
> *— À qui je demande ça ? À Laverdure ?* (p. 148)

À l'instar de Gabriel et de Marceline, quel est le sexe de Laverdure ? Turandot caresse sa « *petite poule verte* », Zazie le trouve « *mignon* » (p. 29), et on connaît le sens du mot mignon[1], tandis que l'Écossaise du Mont-de-Piété l'appelle « *ma mignonne* » (p. 149) ou parle de Laverdure comme une femelle (p. 155, p. 172). Laverdure jouerait-il lui aussi un rôle ? En effet, l'Écossaise, lorsqu'il aperçoit Laverdure installé « *au bout d'une table* » déclare « *Moi, la terre verte...* » (p. 152). La terre verte est un pigment minéral naturel de teinte verte claire, une sorte de gris-vert. L'Écossaise voit-il un oiseau peint en vert ? Voit-il un volatile grimé qui participerait au brouillage d'ensemble ? D'autant plus que Turandot suggère en fin de roman : « *Je vais le peindre en noir* » (p. 190). Par ailleurs, ce perroquet se comporte comme un personnage traditionnel : peu présent en début de roman, il s'implique en tant que témoin, et serine sa rengaine. Mais dès qu'il pénètre dans le Mont-de-Piété, il adhère au groupe, change de discours : « *Oui, dit Laverdure, nous ne comprenons pas le* hic *de ce*

---

[1]. Jeune favori d'Henri III, puis par extension, jeune homosexuel.

Deuxième partie. L'œuvre en examen

nunc, *ni le* quid *de ce* quod » (p. 150), puis s'endort comme Zazie, « *Zazie a rejoint Laverdure dans la somnie* » (p. 179), enfin se bat comme les autres : « *Laverdure essayait de projeter un excrément frais hors de sa cage* » (p. 182). L'évolution se poursuit avec l'inversion finale qui laisse perplexe car les identités se confondent :

> *Et si je me mettais dans la cage, dit Turandot, et que ce soit Laverdure qui me porte ? C'est une idée. […] Alors au revoir les gars ! dit Laverdure.*
> *Tu causes, tu causes, dit Turandot, c'est tout ce que tu sais faire.*
> *Et ils s'envolèrent direction Bastille* (p. 191).

La figure de l'inversion détermine également les rapports de Zazie avec les adultes. Capricieuse, elle se comporte comme une enfant « *c'est hun cacocalo que jveux et pa autt chose* » (p. 17). Mais elle met à mal leur réaction et c'est elle qui renvoie l'adulte à la condition d'enfant, comme dans ces deux dialogues :

> « *C'est pas moi dit Turandot, c'est elle.*
> *— il rapporte, c'est vilain* » (p. 28).

ou

> *Et moi, dit Zazie, je vous plairais ?*
> *— T'es qu'une môme*
> *— Ya des filles qui se marient à quinze ans, à quatorze même. Y a des hommes qu'aiment ça.*
> *— Alors, moi je te plairais ?*
> *— Bien sûr que non, répondit Zazie avec simplicité* (p. 88).

De même, si Charles la trouve d'emblée « *marante* » (p. 12), et l'adjectif semble à la fois tendre et amusé, elle lui renvoie plus tard : « *vzêtes marant. Vous savez jamais trop ce que vous pensez* » (p. 88). Puis elle emploie le même adjectif dans un autre sens pour qualifier Charles et son oncle : « *Vous, dit Zazie avec indulgence, vous êtes tous les deux des petits marants*[1] » (p. 14). Elle tempère

---

1. Plus loin, devant Gabriel et Fedor : « *vzêtes des petits rusés tous les deux* » p. 123.

ensuite son « indulgence » : « *Vous allez pas recommencer [...] moi, les petits farceurs de votre âge ils me font de la peine* » (p. 85-86). Elle emploiera à nouveau l'adjectif « *marant* » pour rassurer son oncle pris de vertige « *Tu regardes pas. Penche-toi donc, c'est quand même marant* » (p. 87). Mais cette suprématie de l'enfant sur l'adulte est parachevée curieusement au Mont-de-Piété « *animée par la présence aberrante et légèrement anormale des disciples du cicéron Gabriel au milieu duquel pérorait et trônait l'enfant Zazie* » (p. 151). Précisions fondamentales au moment où se lit l'importance du langage (*cicéron*, *pérorait*). Les personnages de Queneau ne sont que des êtres de langage, et leur ambiguïté provient essentiellement de la double composante du langage[1].

La liberté de l'écrivain s'exerce au double niveau du signifiant et du signifié, que ce soit dans la création de néologismes spectaculaires ou de double sens, dans les jeux de mots, les saillies ou le sous-entendu de « Nyctalopes ».

Raymond Queneau ne se limite pas à un registre de langue, et le lecteur est entraîné dans un mouvement linguistique aussi pétillant que la course folle de Zazie dans la capitale. En effet, à l'instar de Zazie qui parcourt la ville, Queneau explore sans relâche toutes les facettes de la langue, et n'est jamais là où l'attend le lecteur, comme ces onomatopées incongrues qui en remplacent d'autres plus convenues « *chtt chtt* (p. 95, p. 135), *pan pan pan, fait discrètement Turandot derrière la porte sur le bois d'icelle* » (p. 26). Les mots eux-mêmes sont en constante instabilité, même certains mots invariables : « *gzactement* » (p. 19, 28, 106).

Le roman semble un de ces « romans parlés » où l'auteur abandonne un langage académique pour donner l'illusion qu'il est

---

1. Le signifiant (enveloppe graphique et phonétique), et le signifié (valeur sémantique).

écrit dans la langue des personnages. Cette intrusion permanente du « néo-français » crée donc un langage à double face et pose aussi la question de l'origine de la langue, à laquelle l'homme pourrait enfin se fier, et qui pourrait tempérer les incertitudes sur la valeur de la parole humaine. Cette interrogation sur le langage est mise en scène comiquement dans le dialogue Gridoux-Pedro-Surplus : « *un nom ? un nom* » (p. 83).

Bien que désirant rédiger une œuvre expérimentale, Queneau a assuré simultanément deux exigences opposées. En apparence, *Zazie dans le métro* reste un roman traditionnel d'apprentissage, conforme aux conventions : unité de lieu et de temps, répartition presqu'équivalente entre héros et personnages secondaires, quasi équilibre entre récit et dialogues, présence d'un narrateur. Mais ce conformisme n'est qu'apparent car Queneau parodie les lois du genre : minceur de l'intrigue, identité trouble et instable des personnages qui interroge sur la difficulté de l'identification, doute sur la réalité des événements et sur la narration... Le récit joue continuellement sur la confusion des lieux et des rôles des personnages, sur l'ambiguïté sexuelle, sur l'incertitude, sur la vérité – « *Tout ça (geste), tout ça c'est du bidon* [...] *Oui, du bidon* » (p. 16) –, et met en relief la contingence de l'existence des êtres humains, insaisissable à cause du jeu des apparences et de la fuite du temps.

Délivrée de son carcan de conventions, la langue constamment fantaisiste, inventive et rigoureusement travaillée est l'illustration de l'aboutissement des recherches de Queneau. Le langage protéiforme, les constantes interventions des disdascalies, comme dans un texte théâtral, en font une œuvre inclassable, pétillante de virtuosité, et qui exhibe (in)volontairement une maîtrise exceptionnelle des codes littéraires et culturels.

Troisième partie

L'œuvre à l'examen

Étienne Calais
Marie-Noëlle Campana
Marie-Lucile Milhaud
Stéphane Vial

Épreuve de littérature de la série littéraire, applicable à compter de la session 2013

NOR : MENE1210277N
note de service n° 2012-072 du 9-5-2012
MEN – DGESCO A2-1

> Texte adressé aux rectrices et recteurs d'académie ; au directeur du service interacadémique des examens et concours d'Île-de-France ; aux chefs d'établissement ; aux professeur(e)s

Cette note de service fixe les modalités de l'épreuve de littérature du baccalauréat général de la série littéraire, applicables à compter de la session 2013 de l'examen. La présente note de service abroge et remplace la note de service n° 2002-140 du 26 juin 2002.

Épreuve écrite obligatoire, série L

Durée : 2 heures
Coefficient : 4

Nature de l'épreuve

Les candidats traitent un sujet portant sur un objet d'étude du programme de l'année.

Le sujet peut s'appuyer sur un texte littéraire ou critique, ou un document iconographique, pour engager la réflexion des candidats.

Les candidats sont invités à répondre, de façon construite et organisée, en deux développements successifs, à deux questions :
- la première question porte sur un aspect de l'œuvre retenue. En aucun cas, elle ne porte sur les œuvres recommandées en lecture complémentaire ;
- la deuxième question porte sur l'ensemble de l'œuvre, en relation avec l'objet d'étude retenu.

Évaluation

L'évaluation se fondera sur les éléments suivants :
- la connaissance des œuvres et objets d'étude au programme ;
- l'aptitude à prendre en compte des problématiques ;
- la clarté, la pertinence et la cohérence des propos ;
- la mise en œuvre de savoirs littéraires et culturels ;
- la justesse et la correction de l'expression.

Les libellés de sujets préciseront le barème accordé à chaque partie de l'épreuve.

Épreuve orale de contrôle, série L

Durée : 20 minutes
Temps de préparation : 20 minutes

Nature de l'épreuve

L'épreuve consiste en un exposé suivi d'un entretien.

Le candidat répond, dans un exposé organisé, à une question portant, soit sur un aspect d'une œuvre, soit sur l'ensemble d'une œuvre, en relation avec l'objet d'étude, soit sur un point de comparaison entre plusieurs œuvres inscrites au programme de l'année.

Au cours de l'entretien, l'examinateur, partant de l'exposé présenté par le candidat, invite celui-ci à préciser son propos, approfondir un commentaire ou une interprétation, à développer des perspectives. L'entretien pourra également prendre en compte les œuvres lues en lecture complémentaire pendant l'année.

Évaluation

L'évaluation se fondera sur les éléments suivants :
- la connaissance des œuvres et des objets d'étude du programme ;
- l'aptitude à prendre en compte des problématiques ;
- la clarté, la pertinence et la cohérence des propos, l'utilisation des notes personnelles ;
- la personnalité de l'interprétation et du jugement critique ;
- l'aptitude au dialogue et à l'échange ;
- la justesse et la correction de l'expression.

Sujets proposés

Sujet 1

« Zazie dans le métro *est une "rigolade" ordonnée, si minutieusement ordonnée, que l'on ne peut, au moment même où l'on rit, éviter de se demander si cette comédie n'est pas un piège, si elle n'a pas un sens caché* », écrit Bernard Pingaud, dans un article de la revue *Esprit*, paru en mars 1959.

I. Comment la ville de Paris est-elle montrée dans le roman et dans le film ? (8 points)

Cette question est traitée dans la partie « L'espace dramatique : cadres, mouvements, sens » p. 81. Toute l'action se passe dans la capitale, il est alors très logique de s'interroger sur la nature de l'actant Paris, et sur son rôle dans la narration puisque Zazie arrive dans la capitale au premier chapitre et la quitte au dernier. Quatre perspectives peuvent circonscrire la question.
- **Un itinéraire géographique qui détermine le Paris de Zazie** : on se reportera utilement à la carte de l'odyssée parisienne de Zazie p. 101. On insistera sur l'importance des lieux publics.
- **Une topographie parisienne propre à créer un effet de réel** dans le roman et dans le film à ceci près que cette topographie est très imprécise dans le roman faute de description alors qu'elle se donne à voir dans le film. Cependant, l'effet de réel est contrebalancé voire contredit de la même façon dans les deux œuvres. Dans le roman, au chapitre 1, Charles et Gabriel ne nomment pas de

la même façon deux monuments qu'ils aperçoivent sur leur chemin : la gare de Lyon est peut-être le Panthéon et les Invalides pourraient être « la caserne de Reuilly ». Le narrateur ne délivre aucune information susceptible de nous aider à statuer sur celui qui a raison. La séquence 3 du film reprend une bonne part du dialogue du chapitre 1 à la différence que les personnages s'opposent sur le nom à donner à un seul monument que, par ailleurs, le spectateur voit à l'écran, l'église Saint-Vincent-de-Paul – laquelle reçoit de la part de Charles et Gabriel quatre identifications différentes. Louis Malle après Raymond Queneau distille le doute sur « ce qui est dit » et « ce qui est montré ». À la séquence 32, le bus doit parvenir avec ses touristes à la Sainte-Chapelle mais nous voyons de nouveau à l'écran l'église Saint-Vincent-de-Paul. De même, à la séquence 31, la voix enregistrée du speaker du bus Cityrama évoque la place Vendôme en donnant des informations à la fois vraies et fausses.

- **Paris : un espace labyrinthique et monstrueux.** Dans le roman, Zazie est confrontée au dédale de la structure spatiale de la capitale en particulier dans sa quête du métro. Nous retrouvons cette dimension dédaléenne dans la séquence 24 du film (Zazie poursuivie par Pedro-Surplus), les différents lieux traversés sont au nombre de vingt. D'autres personnages, dans le roman, s'égarent : Gabriel est désorienté au sortir de son appartement et Pedro avoue à Gridoux qu'il s'est perdu dans tous les sens du terme... Dans les deux œuvres Paris labyrinthe est éminemment symbolique du chemin vers « un centre caché », d'un « espace d'initiation » qui peut être « la révélation de soi-même ». Par ailleurs, les embouteillages parisiens évoqués au chapitre 10 du roman deviendront chez Louis Malle une allégorie des affres de la modernité

Troisième partie. L'œuvre à l'examen

urbaine (voir p. 112). Malle insiste beaucoup plus que Queneau sur la tyrannie concentrationnaire de la ville et le chaos urbain.
- **Le métro, un « abîme interdit »** : nous renvoyons au développement de la page...

Paris n'est donc pas la ville décrite dans les ouvrages d'art ou les opuscules touristiques. C'est une ville recréée, une ville « intérieure », incertaine, chez Malle comme chez Queneau, qui interroge la frontière entre la réalité, l'illusion et la construction de soi.

II. **Dans quelle mesure peut-on dire qu'un des «** *sens cachés* **» du roman est le voyage initiatique accompli par son héroïne ? Vous répondrez à la question en prenant vos exemples dans le roman et son adaptation cinématographique. (12 points)**

On voit que cette question est liée à la première. Il s'agit d'interpréter les déambulations de Zazie, au-delà des rires et des sourires provoqués par la cocasserie et les outrances de son langage.
- **Le parcours odysséen de Zazie dans les deux œuvres**, le thème du cercle et du zigzag (voir p. 102).
- Zazie suit aussi un cheminement personnel saturé de questions ressassées, sans réponses complètes ou toujours satisfaisantes (voir p. 130).
- **Tous les mouvements exécutés par le personnage** dans l'espace **peuvent être perçus métaphoriquement**. La réponse à la question 1 a permis d'évoquer la ville labyrinthique mais l'appartement de Gabriel est déjà labyrinthique (sans doute Malle a-t-il peu conservé cet aspect) et en sortir n'est pas une mince affaire pour Zazie.

- **L'expérience essentielle, prendre le métro**, qu'elle réclame fortement, lui est à la fois **catégoriquement refusée et curieusement offerte**. Zazie pénètre dans « l'abîme interdit » dans l'inconscience du sommeil. Le métro figure une sorte de « ventre » permettant une renaissance, ou du moins une transformation. Et Zazie est bien, de manière têtue et radicale, en quête d'une maturité et d'une libération. Le film insiste particulièrement sur Zazie « enfermée dehors », vue de face, secouant avec violence les grilles ou les portes du métro (séquences 2 et 17), voir commentaire p. 112.

Le « j'ai vieilli » final de Zazie dans le film comme dans le roman concerne bien son initiation au monde, son parcours dans l'univers étrange et étranger des adultes qu'elle a incontestablement troublés par ses interrogations. Même si Malle rajeunit Zazie et insiste sur sa fonction de « révélateur » des autres, il consigne dans le scénario à la séquence 47 « on doit sentir qu'elle a changé ou plutôt qu'elle est en train de changer » (voir le développement p. 107).

Troisième partie. L'œuvre à l'examen

Sujet 2

> Pierre Billard écrit dans son livre *Louis Malle. Le rebelle solitaire* (éditions Plon) : « *Le film se veut fidèle au livre, sur le plan de la mise en cause des formes, et aussi de sa vision critique d'une société en perte d'identité et de sens des valeurs, plongée dans l'hypocrisie et le faux-semblant.* »

I. **Vous prendrez dans le roman et son adaptation filmique un exemple de « *mise en cause des formes* ».**
   Vous en donnerez une rapide analyse afin d'en expliciter le sens et sa portée. (8 points)
   – **De l'ellipse narrative dans le roman à l'incohérence spatio-temporelle à l'écran** : on peut prendre l'exemple du chapitre 5 du roman transposé dans les séquences 23 à 26 du film. Voir le développement d'une réponse possible dans « Temps distordus, distendus » p. 78.

II. **Comment la société française est-elle d'une certaine manière mise en cause dans le roman et dans le film ? (12 points)**
   – **Une remise en cause par le langage** : Zazie par ses questions aussi insistantes que déroutantes révèle les compromissions de la société des adultes et met à nu les artifices de leur langage.
   – **L'intrusion du mythique et de l'allégorique** pour signifier la monstruosité de la modernité urbaine : Voir « Le détroit de Messine et Paris-Babylone » p. 112.

Sujet 3

> Charlie Chaplin a déclaré à Louis Malle, après avoir vu son film *Zazie dans le métro* : « *Vous m'avez fait pleurer. C'est un merveilleux film. C'est exactement ce qu'il faut faire, prendre le biais du comique pour dénoncer notre monde qui va à la catastrophe.* »

I. Le romancier et le cinéaste ont utilisé des formes variées de comique. Vous présenterez un épisode commun au roman et au film : les procédés du comique y sont-ils de même nature, produisent-ils les mêmes effets ? (8 points)

II. Vous semble-t-il que le livre et le film visent « *à dénoncer notre monde qui va à la catastrophe* » ? (12 points)

Sujet 4

> Dans sa correspondance, Louis Malle déclare : « *Un enfant commence sa vie avec un capital de pureté et de vérité qu'il effrite peu à peu et qu'il a presque entièrement perdu quand il a atteint l'âge d'homme. Le monde moderne s'en est chargé.* »

I. Zazie perd-elle au cours de son bref séjour parisien une partie de « *son capital de pureté et de vérité* » ? Vous répondrez à la question en considérant le roman et le film à la fois.

II. Le monde moderne vous semble-t-il, dans le roman et le film, responsable de cette perte de « *capital* » ?

Sujet 5

> Dans un article (*France-Nouvelle* du 2 novembre 1960), Albert Cervoni affirme, à propos du film de Louis Malle : « [...] La frontière s'estompe entre le réel et l'irréel, le vécu et le rêvé. L'image varie continuellement de sens, tel le mot chez Queneau. »

I. Pourquoi peut-on dire que la frontière entre le vécu et le rêvé est poreuse dans le film de Louis Malle ? Pour répondre à la question vous prendrez appui sur une séquence de votre choix. (8 points)

II. Dans quelle mesure est-on en droit d'affirmer que l'effet de réel est installé puis sabordé, dans les deux œuvres éponymes ? (12 points)

Sujet 6

> « *Zazie* est un film critique... critique du monde moderne, monde du chaos et de la destruction, monde brisé, déchiré, irrespirable... Critique, *Zazie*, l'est aussi dans la mesure où c'est une réflexion sur le cinéma », déclare Jean Domarchi dans la revue *Arts*, parue en novembre 1960.

I. Dans quelle mesure peut-on affirmer que le cinéma lui-même est un thème important dans le roman comme dans le film ? (8 points)

II. En quoi, selon vous, *Zazie dans le métro* de Louis Malle, est-il une « critique du monde moderne » ? (12 points)

Sujet 7

Le critique littéraire et romancier Umberto Eco soutient dans son œuvre *Lector in fabula* (1979) que le texte est « *une machine paresseuse qui exige du lecteur un travail coopératif acharné pour remplir les espaces de non-dit* ».

I. Identifiez et analysez un des « *espaces de non-dit* » dans le roman de Queneau (8 points)

II. Dans quelle mesure peut-on dire que le lecteur du roman de Queneau comme le spectateur du film de Louis Malle doivent être actifs s'ils veulent accéder à ce qui fait l'intérêt de ces deux œuvres ? (12 points)

Sujet 8

Jean-Philippe Tessé dans son ouvrage *Le Burlesque* indique : « *Il va sans dire que l'action burlesque perturbe le cours naturel des choses, qu'elle relève de l'anomalie : le gag est par nature quelque chose d'inattendu, d'anormal. C'est un dérèglement, un désordre, une opposition à l'ordre.* »

I. Dans quelle mesure l'écriture de Queneau est-elle fondée sur « *l'anomalie* » ? Vous vous appuierez en particulier sur le traitement de l'orthographe. (8 points)

II. En quoi vous semble-t-il que le roman et le film agissent comme « *un dérèglement, un désordre, une opposition à l'ordre* » ? (12 points)

Sujet 9

Après avoir observé sur Internet ou dans un livre d'art le tableau de René Magritte intitulé *La Trahison des images* (1929, Art Institute of Chicago), vous traiterez les deux questions suivantes :

I. Vous présenterez le personnage de Trouscaillon en vous efforçant de montrer par des exemples précis pris dans le roman que les images qu'il donne de lui-même ne permettent pas de cerner sa réalité. (8 points)

II. Dans quelle mesure peut-on affirmer que le roman et le film jouent avec les mots et les images et les détournent en partie ? (12 points)

Annexes

Zazie dans le métro, film de Louis Malle, extrait de la séquence 24

(Source *L'Avant-Scène cinéma* n° 104, juin 1970 p. 27-28)

Marché aux puces – jour

Plan semi-général d'une ruelles des Puces. Face à nous, de l'arrière-plan, court Zazie, le bloudjinnze sous le bras, à travers un des marchés d'antiquaires du Marché aux Puces, le marché Vernaison. Musique et course au rythme accéléré. Elle tourne. Cut.

[...]

Plan d'ensemble d'une passerelle à escalier vue en enfilade : en arrière-plan (et filmée au téléobjectif), Zazie court vers nous, en se retournant quelquefois pour observer si son poursuiveur est en vue. Zoom avant pour la cadrer en gros plan face à nous, amusée de cette poursuite. Elle se retourne une fois encore, puis sourit en baissant les yeux vers le bloudjinnze qu'elle porte sous le bras. Musique. Vue en arrière-plan sur la passerelle Pedro la poursuivant sur un vélo d'enfant et faisant des zigzags. Retour sur un gros plan d'elle courant le rire aux lèvres.

....

Grand escalier en légère plongée : Zazie descend très vite (accéléré) les marches de pierre, puis s'arrête soudain. Devant elle, dos à nous, surgit Pedro qui la stoppe en levant les bras. Coincée, elle jette son bloudjinnze au-dessus de Pedro. Panoramique filé pour suivre le vol aérien du bloudjinnze qui atterrit loin derrière Pédro, dans les bras d'une nouvelle Zazie, en premier plan, qui file aussitôt à toute allure (accéléré). On reste quelques secondes sur Pedro stupéfait, les bras en croix, puis il se ravise et file.

....

Jardin + escalier : même scène, vue en plongée et au rythme plus accéléré encore.

....

Un autre très grand escalier vu en plan général : Pedro est au milieu des marches ; tout en haut se trouve Zazie 1 et tout en bas Zazie 2 (dans le même plan). Celle du haut jette les bloudjinnzes à l'autre qui attrape le paquet et file. Pedro poursuit Zazie 2, alors que la caméra reste quelques secondes sur Zazie 1 qui sourit malicieusement.

....

Autre escalier étroit proche d'une rue (légère plongée : dos à nous, Zazie descend, son bloudjinnze sous le bras. À l'angle de l'escalier, un peu plus bas, Pedro l'attend. Aussi Zazie lance son paquet mais Pedro l'intercepte. Plan américain de Pedro satisfait qu'une seconde seulement, car ce qu'il tient en main, est, en fait, un énorme pétard allumé sur le point d'exploser. Affolé, Pedro souffle, souffle et souffle encore sur la mèche qui finit par s'éteindre. Pedro soupire. Explosion.

....

Gros plan de Zazie (filmée au téléobjectif) qui court face à nous en riant (plan leitmotiv) de cette poursuite.

....

Quai de Seine (près des arches du Pont Alexandre III) : Zazie court le long du quai. Pedro, à deux mètres derrière elle, la poursuit. Panoramique suivant leur course. Ils passent derrière de hauts panneaux publicitaires qui les cachent à notre vue. Quand ils réapparaissent (suite du panoramique) : ils se poursuivent toujours mais cette fois, c'est Zazie qui est derrière Pedro. [...]

Quand Pedro s'aperçoit qu'il est poursuivi, il se retourne vivement et la course (ainsi que le panoramique) reprend en sens inverse jusqu'aux panneaux publicitaires sur lesquels on panoramique pour aboutir non pas aux poursuivants que nous attendions mais à un père dominicain qui, tout en lisant son bréviaire, marche à l'accéléré, tourne sur lui-même et... Cut.

....

Rue de Paris : plan moyen d'une petite rue commerçante vue en enfilade. Zazie court sur le trottoir, vers nous, alors qu'en premier plan Pedro se cache à l'arrière d'une camionnette en stationnement. Quand Zazie passe à sa portée, il veut l'accrocher à l'aide du manche de son parapluie… mais la camionnette démarre à vive allure. Zazie se retourne et, de la main, fait « au revoir » à Pedro.

[…]

Passage du Grand Cerf : plongée générale sur ce passage commercial du quartier des Halles : Zazie de dos, court à vive allure, Pedro aux trousses (suite musicale, thème poursuite). Contrechamp en plongée : Zazie court de face et suivant les dessins du carrelage zigzague dans sa course. Pedro idem; il court même dos tourné. Suite de la course normale. Soudain Zazie stoppe net et fait quelques mètres au ralenti en jouant à la marelle en raison des nouveaux carreaux du passage qui s'y prêtent parfaitement. Pedro rejoint à son tour le même endroit et se met lui aussi à jouer à la marelle avec beaucoup d'application. Quand il a fini, il cherche Zazie des yeux : elle a disparu. Gros plan de Pedro qui lève brusquement la tête. Contreplongée cadrant la perspective du toit du passage du Grand Cerf (intérieur) : Zazie traverse en largeur le haut du passage, sur une passerelle métallique. Plan moyen des passerelles sous la verrière du passage : ils se poursuivent, Pedro court en singeant le trot d'un cheval.

………

[…]

Passage Vivienne : plongée sur le hall circulaire du passage : ils se poursuivent à l'accéléré en tournant en rond. Soudain Zazie entre dans une boutique et ressort aussitôt, portant un énorme miroir à trois faces. Elle le pose dans le hall et disparaît. Pedro court toujours et stoppe, affolé à la vue de ses trois reflets, puis rebrousse chemin. On reste sur les trois glaces devant desquelles surgit, telle Alice, Zazie souriante.

Textes critiques

Philippe Jousset, « Le dire dans *Zazie dans le métro* », colloque « Connaissez-vous Queneau ? », Tunis, 2003, édition établie par Hela Ouardi
et Marie-Noëlle Campana, PUB, 2007

1ᵉʳ extrait

L'originalité de Zazie tient à ces rapprochements incongrus de discours, mais aussi au disparate du discours narratif lui-même. Et cette contradiction interne peut être poussée loin, dans une occurrence comme celle-ci, par exemple : « Avant que la Mouaque utu le temps de répondre... » (p. 129), où la constriction, la « crase » de registres, amalgame, dans un même morphème (utu), une forme de conjugaison qui relève d'un langage soutenu, et une transcription qui lui donne une allure primitive – français hyper-corrigé noté comme une sorte de dialecte indigène.

Le but est véritablement atteint quand ces sautes de registre, ces télescopages, etc., ne sont plus susceptibles d'aucune interprétation, d'aucune cohérence, quand ils paraissent véritablement sans raison ; lorsque ces anomalies, bizarreries, calembours, solécismes, anacoluthes... ne sont justiciables de rien, lorsqu'ils remplissent leur fonction de combattre ce qu'on pourrait appeler d'un mot : l'académisme – le polissage, l'unité de ton, la bienséance. Le narrateur se compte en soustractions : il n'est nulle part dans ces conflits qu'il allume négligemment à tout bout de phrase, dans ces petites « émeutes » de langage. La seule « gagnante », celle qui tire les marrons du feu, après avoir entretenu la zizanie, c'est encore la langue, savante et mal élevée, sauvage et guindée, toujours maîtresse du jeu : seulement en fonctionnant et par ses changements de régime, elle prouve sa « productivité », i.e., littéralement, sa poéticité.

2ᵉ extrait

La justification par le néo-français n'explique rien. Personne, en effet, n'écrit ni ne dit, que je sache : « La sonnerie du truc-chose se mit de nouveau à téléphonctionner » (p. 139), ni en néo- ni en archéo-français ; c'est une pure invention, un jeu (façon chinook) [comme on en a déjà rencontrés] *entre une nomination défectueuse parce que vague (ou infra-nomination) et une nomination luxueuse (ou sur-nomination). Cette dissociation de l'objet et de l'opération ne possède aucune motivation contextuelle, en situation, sinon qu'elle fait exister le mot et la chose en obligeant l'attention à s'arrêter sur l'un et l'autre, ce que la phrase banale (du type « Le téléphone se mit de nouveau à sonner », qui en constitue l'équivalent « transparent ») serait incapable de faire.*

De même, les transcriptions phonétiques originales, qui ont fait une partie du succès du livre, à l'instar des fameux premiers « mots » (« Doukipudonktan »), au point d'en constituer un véritable procédé-emblème, ont peu à voir avec les justifications qu'on en donne souvent. Ces transcriptions permettent, certes, de noter des modalités de prononciation, des accents, qui sont d'ordinaire négligés, des phénomènes de liaison, en particulier. Mais ces transcriptions, au lieu de rendre le langage plus directement accessible et plus « naturel », interposent le plus souvent une réalité qui fait barrage, là où la notation plus conventionnelle, aurait été simplement « néantisée » par le lecteur. Ces créations verbales, graphiques, ont d'autres effets ; elles tendent en particulier à redéfinir les frontières (celles qui isolent les mots entre eux, avant tout) et obligent le lecteur à un véritable travail d'interprétation, au sens musical, sur les groupes, les accents, le jeu des brèves et des longues. Mais, en plus de cette implication d'ordre métrique, est induite toute une reconception visuelle de ce qui est écrit, qui est à l'opposé même de l'effet que pourrait viser – qu'est censé viser – le (pseudo) néo-français. Ce parti pris, en fait, crée, lui aussi, de nouveaux êtres de langage, sui generis *d'une nature intermédiaire entre l'onomatopée et le syntagme, sortes de « mots » mal différenciés, encore pris dans la continuité sonore.*

Marguerite Duras interroge Raymond Queneau, Les Yeux verts, Cahiers du Cinéma, 1980/1987, nouvelle édition 1987, p. 148 à 152.
Raymond Queneau, Lire des manuscrits (1960, non publié)

[…] Un écrivain, c'est quelqu'un qui se rend compte qu'on n'écrit pas seulement pour se faire plaisir à soi-même, quelqu'un qui a conscience de ne pas être seul. L'homme, ou la femme, qui est véritablement intéressé

par l'écriture sait qu'il appartient à la communauté des autres écrivains, qu'il a des contemporains qui le jugeront, qui le critiqueront, qui écriront parallèlement à lui. L'amateur, c'est malheureusement quelqu'un qui reste en lui-même, qui peut écrire des choses agréables, mais qui n'a pas la puissance nécessaire pour communiquer avec les autres, avec le public, même avec un public restreint. Ce qui m'a le plus frappé au cours de ces années de lecture de manuscrits, c'est qu'on voit très vite si un auteur, même totalement inconnu, appartient déjà, par vocation, en quelque sorte, à la corporation des écrivains.

Françoise Chenet, « La caméra n'est pas un stylo : *Zazie dans le métro* de Louis Malle », colloque « Pleurir avec Queneau », 1996

[...] Les films de Louis Malle se veulent non conformistes, voire non conformes, et sont toujours en rupture de quelque chose[1] comme s'il lui fallait creuser toujours un peu plus la rupture inaugurale avec ses origines bourgeoises (sa mère est une Béghin ; son enfance dans l'ombre des Thuméries, usine de sucre puis dans le collège de Jésuites d'*Au revoir les enfants*). Cette rupture jamais consommée débouche sur ce qui fait l'intérêt humain de ses films : une interrogation sur le monde comme il va ou va mal... que favorise une position volontairement marginale :

« J'aime être en exil, être décalé. [...] Je crois que ce que les Américains ont aimé dans Atlantic City, c'est ça, un regard décalé qui saisit ce qu'eux-mêmes ne voient pas forcément sur leur comportement[2]. »

Ce « regard décalé », cette mise à distance tendrement ironique de ses sujets et de ses personnages sont aussi le regard qu'ils portent sur l'œuvre à adapter et donc sur *Zazie dans le métro*, déjà passablement décalée par rapport à la production littéraire de son temps comme par rapport aux idées reçues que nous nous faisions sur l'enfance et sur pas

---

1. « Bourgeois en rupture de classe (financièrement et idéologiquement), professionnel respecté mais œuvrant volontiers aux marges du système, Français réalisant aux États-Unis des films hors Hollywood, Louis Malle cultive l'éloignement... », René Prédal, *Louis Malle*, Edilig, 1989.
2. Louis Malle, *Positif* n° 320, octobre 1987, cité par René Prédal.

mal de choses qui sont en lignes de points d'interrogation dans le roman (sexualité, identité, langage, etc.). Ce qui donne un film qui serait plutôt le songe d'un roman qui se présente comme « le songe d'un rêve (ou d'un cauchemar)...le rêve d'un rêve, à peine plus qu'un délire tapé à la machine par un romancier idiot ». On concédera que le cinéaste ne pouvait pas ratifier ce jugement (hypocrite) et paraître (idiot) même s'il donne lui aussi l'impression de délirer avec sa caméra, tant ces procédés paraissent intelligents et donnent au film l'allure d'un Exercice de style. Ce qui est une autre forme de fidélité à Queneau mais crée cependant un premier décalage certes inévitable mais gênant dans la mesure où le comique de Zazie n'est pas seulement métalinguistique. Le comique de la rhétorique est détruit par ce qui devient un inventaire des formes rhétoriques du comique au cinéma.

Les intentions de Louis Malle étaient pourtant très pures avec un parti pris de fidélité sinon à la lettre (et pour cause) du moins à l'esprit. Mais, s'agissant de Queneau, qu'est-ce l'esprit sans la lettre ?

« Cinématographiquement, il fallait au comique essentiellement "littéraire" de Queneau, qui se situe au niveau d'une critique du langage romanesque – donc du style, de la syntaxe, de l'orthographe, de l'"écriture", des équivalences et recréer l'univers du livre d'une autre manière, par une critique de la forme cinématographique... Ainsi dès l'origine, nous nous sommes attachés à des recherches formelles, nous nous sommes aperçus peu à peu que désintégrer le langage cinématographique traditionnel n'était pas seulement un exercice de style, mais le moyen de parodier un monde lui-même désintégré[1]. »

La critique de la littérature bien plus que du roman qui est à l'œuvre chez Queneau devient critique et remise en cause du cinéma chez Louis Malle et, au-delà, critique de la société – ce qui semble, en effet, rejoindre par d'autres voies, le propos de Queneau. Si le film s'inscrit dans le mouvement de contestation de la « Nouvelle Vague » bien qu'il n'ait

---

1. Extrait du *Drapeau*, Bruxelles, 12 novembre 1960, reproduit dans *L'Avant-Scène cinéma*, 1er juin 1970, n° 104, p. 9. Cité par Michel Bigot, *Zazie dans le métro*, Foliothèque, Gallimard, 1994, p. 225.

que peu à voir dans sa réalisation avec les productions contemporaines, le roman de Queneau est, lui, en dehors du Nouveau Roman et de ses préoccupations. Précisément parce qu'« école du regard », celui-ci peut glisser sans problème d'adaptation vers le cinéma : la main qui tient le stylo ou la caméra est la même et tente de traduire le même regard. C'est moins évident avec une œuvre dont l'interrogation porteuse serait le mythique « KOUAVOUAR ? » dénonçant le voyeurisme institutionnalisé et exploité et cette indexation du regard dont littérature, cinéma, télévision et société, font leurs choux gras. [...]

Zazie dans le ciné : de la page à la toile, Marie-Claude Cherqui (inédit)

En 1960, soit juste un an après la parution du roman, Zazie dans le métro de Louis Malle donne le coup d'envoi – coup de maître – de l'adaptation des œuvres de Raymond Queneau pour le cinématographe. Queniennement s'exprime Queneau lorsqu'un interviouveur de la revue Arts *lui demande comment il envisage « La traduction cinématographique de l'expérience littéraire que constitue Zazie dans le métro » : « Je ne l'envisage pas du tout ; ce n'est pas mon travail. Je fais confiance à René Clément, dont je connais et j'aime le talent. Pour moi, je me charge seulement des dialogues[1]. » René Clément, ami et collaborateur de Queneau sur de nombreux projets, est tout d'abord pressenti pour réaliser le film, dont les droits ont été acquis par le producteur Raoul Lévy. Après quelques péripéties, Napoléon Murat, qui a produit* Ascenseur pour l'échafaud *et* Les Amants, *rachète les droits du film et en confie la réalisation (ça ne s'invente pas !) à Louis Malle. Raymond Queneau renonce alors à l'écriture des dialogues et déclare dans une lettre adressée aux Nouvelles éditions de films : « Après lecture de l'adaptation dialoguée et du découpage de :*

Zazie dans le métro

faits par MM. Louis Malle et Jean-Paul Rappeneau, je déclare en approuver les termes, et je vous donne mon accord pour la réalisation

---

1. Raymond Queneau, « Au cinéma, il n'y a pas trente-six façons de dire "mon cul" », *Arts*, n° 713, 11 mars 1959.

du film par M. Louis Malle d'après ce travail, étant bien entendu que mon nom sera cité sur le générique du film et dans toute la publicité, une seule fois, et de la manière suivante :
« *D'après le roman de
Raymond QUENEAU
Éditions Gallimard*[1]. »
Malle et Rappeneau travaillent alors à ce qu'ils définissent comme « une mise en cause systématique du réel ». Puis, ils s'ingénient à réunir des interprètes venus du cirque, du théâtre, du music-hall, du cabaret. Le rôle de Zazie est confié à une jeune écolière qui fera carrière comme institutrice (si ! si !) et qui donnera à Zazie un visage, une gouaille, une silhouette, difficilement dissociables aujourd'hui du personnage de papier. Jeune comédien de cinéma, Philippe Noiret campe un Gabriel de rêve. Quant à Nicolas Bataille, metteur en scène de La Cantatrice chauve *pour le théâtre de La Huchette et qui parle russe se verra confier le rôle de Fédor Balanovitch, le chauffeur de car pour touristes. Lorsque celui-ci déclare ne pas savoir conduire, il s'entend répondre que « c'est encore mieux » et que « c'est tout à fait dans l'esprit du film. » Aux comédiens, Yvonne Clech, Jacques Dufilho, Antoine Roblot, Vittorio Caprioli, Annie Fratellini, viennent s'ajouter des « permanents », figurants qui apparaissent régulièrement dans le film, procédé courant de la mise en scène de théâtre. On choisit une pellicule Eastmancolor et afin de se servir de la couleur comme procédé burlesque la production fait appel à deux artistes qui joueront un rôle prépondérant dans l'œuvre : le jeune décorateur Bernard Evein et le plasticien William Klein qui réalisera l'univers extérieur du film : palissades, affiches, mobilier urbain. Avec la musique composée par Fiorenzo Carpi, le film gagne une tonalité bariolée autant que cohérente.*

Raymond Queneau le premier est convaincu du résultat esthétique du film. Avant sa sortie, il écrit à son fils : « J'ai vu hier Zazie, eh bien, je

---

1. Lettre inédite de Raymond Queneau adressée à la librairie Gallimard et aux Nouvelles Éditions de Films, 24 décembre 1959, Centre de documentation Raymond-Queneau, bibliothèque municipale de Verviers (Belgique), classeur 23.

crois que c'est réussi. Et indépendamment du livre (suivi de très près – seul, Trouscaillon correspond pas à mon idée). C'est parfois sensationnel. Grosse influence du dessin animé américain, mais très assimilée. Je ne vois aucun film comparable. Je suis même épaté. Bien sûr, il y a des trucs qui ne me satisfont pas, mais par ailleurs il y a des interprétations très intelligentes. Quant à l'interprétation (au sens comédien) elle est sans reproche, tellement bonne que la petite disparaît un peu dans le coup. Je ne crois pas qu'on pouvait faire mieux[1]. »

Le jour de la sortie du film, L'Express publie un compte-rendu du film par Queneau, texte qui sera repris en quatrième de couverture de la jaquette, ajoutée pour l'occasion à la nouvelle réimpression du roman :
« *En même temps que je reconnais* Zazie dans le métro *en tant que livre, je vois dans le film une œuvre originale dont l'auteur se nomme Louis Malle, une œuvre à l'insolite et à la poésie de laquelle je suis moi-même pris*[2]. »

Le même jour, dans le même hebdomadaire Louis Malle s'exprimait ainsi :

« *Ce qui est drôle, c'est que je voulais tourner* Zazie *en un mois, à toute vitesse, en noir et blanc, pratiquement sans adaptation.* [...] *Finalement, avec Rappeneau, nous avons fait un film en couleurs, c'est-à-dire quelque chose qui coûte très cher. Le contraire de ma première idée.* [...]

Il y a peut-être une faute dans Zazie *: il y a trop de choses ; c'est trop riche. Nous avons eu certainement un complexe vis-à-vis de Queneau. On nous avait tellement répété que* Zazie *était d'abord et avant tout un comique orthographique... Forcément ce comique orthographique disparaissait à partir du moment où le texte était dit au lieu d'être lu. Alors, on en a rajouté.*

---

1. Raymond Queneau, Lettre du 2 septembre 1960, *Cher-Monsieur-Jean-Marie-Mon fils*, Gallimard, 2003, p. 245.
2. Raymond Queneau, « Du livre au film », *L'Express*, n° 489, 27 octobre 1960. Repris en quatrième de couverture à l'édition en « collection blanche » de *Zazie dans le métro*.

Au tournage j'ai dû en supprimer parce que cela devenait infernal. C'était du comique au quatrième degré[1]. »

Dix ans après, Malle s'explique de nouveau sur ses intentions premières et assume ses choix esthétiques d'alors :

« [...] dès l'origine nous nous sommes aperçu peu à peu que désintégrer le langage cinématographique traditionnel n'est pas seulement un exercice de style, mais le moyen le plus efficace de décrire, de parodier, un monde lui-même désintégré... Mais les gens n'ont pas encore assez conscience que le cinéma est un langage pour accepter de le voir ainsi remis en cause. C'est pourquoi beaucoup ne supportent pas la dernière partie de Zazie que nous avons volontairement rendue cauchemardesque. [...] À la fin du film, pendant la bagarre dans le café, on voit apparaître des Chemises Noires. C'est une parabole. À ce moment-là, le film n'est plus du tout comique [...] C'est l'engrenage de l'histoire. Les gens cassent des verres et ça tourne à la guerre mondiale. Au fond, tout le film est une parabole[2]... »

Lors de discussions avec les publics de Zazie dans le métro, il apparaît que le film est éprouvant, physiquement et nerveusement et que la dernière partie, loin de provoquer l'ennui tant redouté au cinéma, provoque une sorte d'épuisement, de fatigue visuelle et sonore que s'accordent à reconnaître les critiques du film. Mais cet effet « Cantatrice chauve », existe déjà dans le roman et toute œuvre d'art qui se voudrait telle ne doit-elle pas pour durer, continuer à résister au besoin de confort qui est notre penchant naturel ? Zazie pourrait alors être pour Malle ce que Le Chiendent *a été pour Queneau, une œuvre saturée de sens, un laboratoire, un réceptacle de toutes les expérimentations et de toute la fougue d'une jeunesse artistique qui se déverse, dans un œuvre aussi magistrale qu'ambitieuse, épuisante que passionnante pour celui qui a*

---

1. « Entretien avec Louis Malle », *L'Express*, 27 octobre 1960. Repris dans *Raymond Queneau et le cinéma, Les Amis de Valentin Brû*, n° 10-11, 1980.
2. Louis Malle, « Le Premier film que j'aime », *Le Drapeau*, Bruxelles, 12 novembre 1960. Repris dans *Zazie dans le métro, L'Avant-Scène cinéma*, n° 104, juin 1970, p. 9.

la chance de la découvrir ou de la redécouvrir, toujours neuve, toujours surprenante.

Paul Fournel, président de l'Oulipo, « Un week-end de sexe », colloque « Queneau tous zazimuts », 2-3 octobre 2009, éditions Calliopées, septembre 2012

Un après-midi dans ma petite Fiat 850 S bleue, alors que nous roulions sur la voie express à peu près à la hauteur de l'endroit où Lady Di devait mourir bien des années plus tard, Queneau, immense et gris, tassé sur le siège étroit, m'avoua qu'il avait des relations mitigées avec la jeune Zazie. Le succès de la donzelle l'avait un peu pris de court. Nous étions dans les années 70, le livre était paru en 59, et Queneau se posait encore des questions à haute voix.

Zazie lui avait apporté l'argent et la célébrité. Le public s'était rué sur cette moujingue mal embouchée avec un appétit et une vitesse qui firent du livre un modèle de best-seller moderne (le modèle qui allait prévaloir jusqu'au XXIe siècle). Les ventes furent massives et rapides, installant le livre très haut dans l'estime publique et lui donnant un statut immédiat de classique transgressif. Queneau dont la grande silhouette était célèbre à Saint-Germain-des-Prés, Queneau dont on fredonnait « Si tu t'imagines », dont les Frères Jacques jouaient les Exercices de style, *Queneau, le très sérieux encyclopédiste de la maison Gallimard, était devenu en un jour le rigolo de service, le papa de Zazie.*

L'habit ne lui convenait qu'à moitié. Il pensait avoir fait un livre de réflexion sur la langue, un livre où il mettait en action ses hypothèses sur le néo-français, sa lecture attentive du linguiste Joseph Vendryes. Il pensait surtout avoir écrit un livre ambigu et fort sur la façon dont le sexe vient aux femmes, sur le passage à l'âge adulte, sur les tunnels obscurs, sur les identités troubles. Et on lui renvoyait une gamine grossière qui ne savait que répéter « mon cul ». Son projet de roman pour zapifious était devenu la propriété vulgaire de tous.

Le film de Louis Malle qui suivit le livre de près, ajouta gravement à la confusion. Queneau était plus que gêné aux entournures et les quelques entretiens qu'il a donnés sur le film témoignent d'un embarras difficile à dissimuler. Comment pourrait-il reconnaître sa préadolescente « formée » et inquiète dans cette toute petite fille tapageuse ? Comment pouvait-il retrouver ses doutes et ses questionnements dans autant de certitudes gueulardes ?

On voit très bien comment, en rajeunissant Zazie, Louis Malle accentuait la rigolade – le contraste entre l'âge de la gamine et son langage opérait encore plus fort, mais on voit très bien aussi comment cela alourdissait le malentendu : rajeunir une fillette dont le projet est de vieillir ressemble trait pour trait à un contresens. Ce contresens introduit un effet de censure tant il tient à distance la dimension profondément et sérieusement sexuelle du roman.

Il est curieux de constater que quelque quarante ans plus tard, c'est encore un effet de censure qu'opère le talentueux Clément Oubrerie dans sa récente adaptation en bande dessinée. En féminisant Marcel, il efface toute la dimension homosexuelle du couple de Gabriel.

Marie-Noëlle Campana, *Queneau pudique, Queneau coquin*, PULIM, 2007

Gabriel redoute les promenades de Zazie à travers Paris car comme tout le monde sait que « la rue est l'école du vice », et qu'elle pourrait apprendre ou assister à un théâtre d'attitudes réprouvées par la morale. Parce que les déplacements parisiens de Zazie sont incessamment ponctués par cette double interrogation : « qu'est-ce que le métro ? qu'est-ce qu'un homosexuel ? », Gabriel interdit instinctivement une partie de l'espace urbain à sa nièce « D'abord, je l'emmènerai en haut de la tour Eiffel » (p. 25), ou « regarde... le métro ! [...] l'aérien, bien sûr ». Et le roman montre à quel point il ne faut pas que Zazie descende dans la ville car c'est dans les rues de Paris qu'elle pourra « voir les curiosités et s'instruire par-dessus le marché » (p. 13), qu'elle y rencontre Trouscaillon, qu'elle achète ces fameux pantalons trop moulant aux Puces ou qu'elle admire les entrechats grotesques de son oncle dans une brasserie. Si Zazie ne doit pas descendre dans la ville, il est aussi préférable qu'elle ne pénètre pas l'ensemble de la voirie parisienne. Lors de son séjour parisien, la petite fille perçoit confusément que Paris est une ville très érotisée où le mystère de ce métro vient accentuer l'érotisme. Et l'arrêt de ce ventre public contribue à la censure générale qui s'opère autour de Zazie : elle ne peut parcourir la ville, et encore moins la parcourir par en dessous... Cependant, à la fin du roman, malgré toute cette censure, ses joyeuses pérégrinations à travers la ville l'emmèneront vers l'âge adulte parce que, comme l'écrit Italo Calvino : « *Tu ne jouis pas d'une ville à cause de ses sept ou soixante-dix-sept merveilles, mais de la réponse qu'elle apporte à l'une de tes questions*[1] ». *Quant à Gabriel, du haut de la tour Eiffel, il ne peut* « *jeter un coup d'œil sur les profondeurs* » *sans prendre le vertige (p. 86), ce n'est qu'une fois redescendu sur la terre ferme qu'il prononce son discours sur les mouvements de la destinée humaine :* « *Monter, descendre, aller, venir, tant fait l'homme qu'à la fin il disparaît* » *(p. 92), ce qu'a fait Zazie dans le roman. L'espace géographique rebondit sur celui, intérieur, de la pensée. Au travers les déambulations pittoresques de Zazie – forme spatialisée et métaphorique de la quête de soi – Queneau rejoint Socrate, qui ne faisait* « *rien d'autre que de circuler partout* ». *Celui qui court les rues procède à un véritable apprentissage de ce regard qui fait disparaître les simples apparences. En cela, courir les rues équivaut à suivre la démarche du philosophe, qui sait voir au-delà de la réalité, qui sait nommer les choses vues.*

---

1. Italo Calvino, *Les Villes invisibles*, Points Seuil, 1990, p. 56.

Lexique du cinéma

Angle de prise de vue: angle de la caméra par rapport à l'objet filmé. Si l'angle est nul, la caméra est parallèle au sol et filme de front. Si l'angle existe, la caméra peut filmer ce qui est situé en dessous d'elle (plongée) ou au-dessus d'elle (contre-plongée).

Cadrage/cadre: le cadre détermine les limites de l'espace filmé (c'est-à-dire les limites du champ). Le cadrage est l'opération qui consiste à sélectionner ce qui va être contenu à l'intérieur du cadre.

Champ: espace fictionnel délimité par le cadre. Il s'agit en somme de ce qu'on voit à l'écran. Le champ s'étend en profondeur.

Contrechamp: espace diamétralement opposé au champ qui vient d'être montré dans un plan précédent. Ainsi, on nomme champ-contrechamp un montage qui fait alterner, à une ou plusieurs reprises, un champ donné et l'espace qui lui fait face.

Diégèse/diégétique: terme qui désigne, en littérature comme au cinéma, un espace et un temps fictionnel (donc un univers fictionnel) à l'intérieur duquel une histoire se déploie. Est donc dit diégétique ce qui renvoie à l'univers fictionnel.

Ellipse (narrative): omission volontaire d'un élément de l'histoire. Au cinéma, cette suppression sert couramment à éliminer les moments inutiles à l'action de manière à dynamiser le récit. En revanche, si la suppression porte sur un élément important de l'histoire, l'ellipse est dite « dramatique » (*drama* = action, en grec).

Flash-back: retour en arrière dans l'histoire.

Focale (courte) : la courte focale est un des objectifs de l'appareil de prise de vue pouvant être utilisé (il existe en effet des longues focales et des focales moyennes). La courte focale permet de capter une grande portion d'espace.

Hors-champ : espace fictionnel qui n'est pas montré à l'écran et qui se situe au-delà des limites imposées par les bords du cadre. Ainsi le hors-champ est l'espace invisible qui entoure le champ.

Lumière directionnelle : utilisation particulière de l'éclairage qui vient frapper un ou des éléments particuliers (objet, personnage, etc.). L'éclairage directionnel s'oppose à l'éclairage diffus qui illumine uniformément un espace.

Montage : opération technique qui consiste à sélectionner et à assembler, dans un ordre voulu, des fragments de film (c'est-à-dire des plans).

Mouvements de caméra : la mobilité de la caméra est obtenue soit par un déplacement dans l'espace (le travelling) soit par la rotation autour de son axe (le panoramique).

Panoramique : mouvement de l'appareil de prise de vue qui pivote sur son axe. Le panoramique peut être horizontal – latéral – (de la gauche vers la droite ou inversement) ou vertical (du haut vers le bas ou inversement). On parle de panoramique filé, lorsque le mouvement s'effectue très rapidement.

Plan : ce terme dispose de plusieurs acceptions au cinéma.

1) série de photogrammes (24 par seconde) enregistrée lors d'une prise (entre le départ et l'arrêt du moteur de la caméra) ; il s'agit donc d'un fragment doté d'une unité de temps.

2) le plan renvoie également au type de cadrage retenu dans une échelle (appelée échelle des plans ou échelle de cadrage) c'est-à-dire la taille relative des objets filmés par rapport à leur taille dans l'image. De part et d'autre d'un plan qui sert

d'étalon (le plan moyen – sujet humain cadré de la tête aux pieds), on distingue respectivement les plans larges (plan de demi-ensemble, plan d'ensemble, plan de grand ensemble, plan général) des plans serrés (plan américain, plan rapproché, gros plan, très gros plan).

Postsynchronisation: technique qui permet de synchroniser en studio des images et des sons après leur enregistrement.

Profondeur de champ: utiliser la technique de la profondeur de champ revient à filmer l'avant-plan et l'arrière-plan avec une netteté approximativement égale (sans quoi la mise au point s'effectue sur l'une ou l'autre des portions).

Profondeur du champ: l'espace filmé (le champ) est par nature « profond » dans la mesure où les caractéristiques techniques de l'appareil de prise de vue (l'appareil photo, la caméra) permettent de restituer illusoirement, sur une surface à deux dimensions (le papier, l'écran) un espace à trois dimensions.

Raccord: éléments communs entre deux plans (mouvement, geste, direction, son, etc.) qui permettent d'assurer une liaison et une continuité entre ces deux fragments.

Scène: ensemble de plans qui est doté d'une unité de temps (et éventuellement d'espace). La scène ne comporte donc pas d'ellipse. Le temps de la projection du film est égal au temps pris pour raconter.

Séquence: ensemble de plans qui est doté d'une unité narrative. La séquence comporte forcément une ou plusieurs ellipses.

Signe: manifestation et représentation d'une chose absente. Le signe est constitué d'une face matérielle perceptible (le signifiant – par exemple un son, une couleur, une forme) et d'une face immatérielle non perceptible mais compréhensible (le signifié – une idée, un sens). Le signe renvoie aussi à un élément de la réalité (le référent).

- Dans le langage humain, les signes linguistiques sont ainsi constitués d'un signifiant (si je dis « chat », par exemple, j'associe deux sons (le son « ch » et le son « a ») et d'un signifié (l'idée, le concept de « chat »)). La relation qui unit le signifiant et le signifié n'est pas motivée : elle est arbitraire. Le signe « chat » peut renvoyer à un chat particulier, dans la réalité, le référent.
- L'image filmo-photographique est composée de signes plastiques (la forme, la couleur, le cadrage, les mouvements d'appareil, etc.) et de signes iconiques (les éléments représentés par l'image).

Son : ce qui est entendu dans le film (paroles, bruits, musiques) et qui est contenu dans la bande-son. Le son est dit « in » lorsque sa source est visualisée et/ou présente dans le champ. Le son « in » est donc diégétique : il appartient à l'univers fictionnel. Le son est dit « hors champ » lorsque sa source est située dans le hors-champ ; il appartient donc aussi à la fiction. Le son est dit « off » lorsqu'il n'appartient pas à la fiction (par exemple, une musique d'accompagnement, un bruit ajouté, etc.).

Surcadrage : effet de cadre dans le cadre, créé par un élément de décor (embrasure d'une fenêtre, d'une porte, etc.)

Travelling : mouvement de l'appareil de prise de vue dans l'espace. Le travelling peut s'effectuer dans la profondeur (travelling avant/travelling arrière), dans la latéralité (de la gauche vers la droite ou inversement), dans la verticalité (du haut vers le bas ou inversement). Lorsqu'un travelling suit l'avancée d'un personnage, on parle de travelling d'accompagnement.

Bibliographie – Webographie

Raymond Queneau, *Œuvres complètes*, tome III – *Romans*, tome II, Gallimard, collection « Bibliothèque de la Pléiade », sous la direction d'Henri Godard : notice de *Zazie dans le métro*.
Zazie dans le métro, Gallimard, Folio, n° 103 ; Folioplus classiques n° 62.

Pour connaître Queneau

Raymond Queneau, Cahiers de l'Herne, sous la direction d'Andrée Bergens, décembre 1975.
Raymond Queneau, Jacques Bens, Paris, Gallimard, « La bibliothèque idéale », 1962.
Album Queneau, André Blavier et Jean Queval, Paris, Henri Veyrier, 1984.
Queneau pudique, Queneau coquin, Marie-Noëlle Campana, Limoges, PULIM, 2007.
Queneau, Jean-Marie Catonné, Paris, Belfond, 1992.
Qui êtes-vous Raymond Queneau?, Jacques Jouet, La Manufacture, Lyon, 1988.
Raymond Queneau, biographie, Michel Lécureur, Les Belles Lettres/ Archimbaud, 2003. Une bibliographie chronologique est publiée à la fin du volume (p. 515-540). Cette liste inventorie toutes les publications annuelles jusqu'en 2003.
Raymond Queneau, Claude Le Manchec, collection « Mentor », Ellipses, 1999.
Queneau déchiffré : notes sur Le Chiendent, Claude Simonnet, Paris, *Les Lettres nouvelles,* 1962, réédition Slatkine, Genève, 1981.
Queneau : le pouvoir incendiaire du rire, Anne-Marie Jaton, Infolio.
Magazine littéraire n° 94, novembre 1974, p. 10 à 25.
Magazine littéraire n° 228, mars 1986, p. 14 à 48.
Europe n° 650-651, juin-juillet 1983, sous la direction de Claude Debon.
Europe n° 888, avril 2003, sous la direction de Claude Debon.

Sur *Zazie dans le métro*

« Zazie et la littérature », Roland Barthes, *Critique*, août-septembre 1959, n° 147-148, p. 675-681 ; repris dans le recueil *Essais critiques*, Éditions du Seuil, collection « Points-Essais ».

« *Zazie dans le métro* de Raymond Queneau », Michel Bigot, Foliothèque, Paris, Gallimard, 1994, 235 p.

« Petit guide pour *Zazie dans le métro* », Gibert Pestureau, revue *Temps mêlés*, 1984. Disponible au Centre de documentation Raymond-Queneau.

« Uneuravek avec Queneau », entretien avec Marguerite Duras, *L'Express*, 22 janvier 1959.

« La langue et le style des écrivains. Queneau : *Zazie dans le métro* », *Les Lettres françaises*, n° 784, 30 juillet 1959.

Queneau tous zazimuts, édition Calliopées, septembre 2012.

Sites sur Queneau

http://www.queneau.net, *Raymond Queneau, un soiffard de savoirs* (Suzanne Bagoly, Centre de documentation Raymond-Queneau, Verviers, Belgique : site officiel du Centre de documentation Raymond-Queneau, créé en 1976 par André Blavier à Verviers, site le plus complet qui répertorie tout ce qui s'écrit sur Raymond Queneau dans le monde entier.)

http://www.gallimard.fr

Quelques ouvrages sur l'analyse d'image et l'analyse filmique

Jean-Claude Fozza, Anne-Marie Garrat, Françoise Parfait, *Petite Fabrique de l'image* (nouvelle édition en couleurs), Magnard, 2003.

Anne Goliot-Lete, Francis Vanoye, *Précis d'analyse filmique* (deuxième édition), Armand Colin, collection « 128 », 2009.

Marie-Thérèse Journot, *Le Vocabulaire du cinéma* (deuxième édition) Armand Colin, collection « 128 », 2008.

Laurent Jullier, *L'Analyse de séquences*, Armand Colin Cinéma, 2007.

Laurent Jullier et Michel Marie, *Lire des images de cinéma*, Larousse, 2007.

Bibliographie – Webographie

Quelques sites internet sur l'analyse filmique, l'esthétique du cinéma et l'histoire du cinéma

Centre Images, Initiation au vocabulaire de l'analyse filmique : http://www.centreimages.fr/vocabulaire/

Ciné-club de Caen : http://www.cineclubdecaen.com/

Le quai des images de l'académie de Nancy-Metz : http://www.ac-nancy-metz.fr/cinemav/

Cinéma[s] le France : http://www.abc-lefrance.com/

CLEMI (Centre de liaison de l'enseignement et des médias d'information) : http://www.clemi.org/

Sur Louis Malle

Pierre Billard, *Louis Malle, le rebelle solitaire*, Plon.

Philip French, *Conversation avec Louis Malle*, Denoël.

Zazie dans le métro de Louis Malle, DVD n° 63694, Ateliers de diffusion audiovisuelle (Adav), 41, rue des Envierges, 75020 Paris (contact@adav-assoc.com)

Table des matières

Première partie
Deux auteurs pour une œuvre

I. Raymond Queneau   7
Marie-Noëlle Campana

  1. **Le non-conformiste**   7
     Une formation éclectique   7
     Une rencontre déterminante   8
     L'entrée en écriture   9
  2. **Une singularité affirmée**   10
     La période des succès   10
     Une fin de vie tourmentée   14
  3. **Le contexte historique de la rédaction de l'œuvre**   14
     L'après-guerre   14
     La société change   17
  4. **La singularité de l'œuvre**   20
     Un roman d'exception   20
     Zazie dans le métro dans l'œuvre de Queneau   22
  5. **L'accueil critique**   24
     L'avenir du roman   29

II. Louis Malle   31
Catherine Terrematte

  1. **La biographie**   31
     Célèbre et ignoré   31
     Les années de formation   31
     Louis Malle, précurseur de la nouvelle vague ?   32
     Le cinéma de Louis Malle et la littérature   33
     Des films dérangeants   33
     Une œuvre éclectique   34

2.	L'adaptation de *Zazie dans le métro*	36
	La genèse de l'œuvre	36
	Le contexte de la « nouvelle vague »	38
	L'originalité de l'œuvre	38
3.	La réception du film	39
	Les limites de l'expérience	39
	Un public déconcerté	40
4.	La fiche technique du film	41

Deuxième partie
L'œuvre en examen

I. Pour entrer dans les récits — 45
Stéphane Vial

1. Une comparaison tabulaire entre le roman et le film — 45
2. La voix narrative — 60
   - Le narrateur dans le roman — 60
     - Un narrateur désinvolte — 60
     - Un narrateur équivoque — 62
   - Le narrateur dans le film — 64
3. Le traitement du temps — 66
   - Une linéarité trouée — 66
     - Un temps linéaire — 66
     - Un temps troué — 70
   - Un temps truqué — 73
     - Apparitions, disparitions, clignotements, dédoublement — 73
     - Bande visuelle et bande sonore décalées — 76
   - Accélération de l'image et du son — 77
   - Temps distordus, distendus — 78

II. L'espace dramatique : cadres, mouvements, sens — 81
Stéphane Vial

1. Espaces et lieux, cadres de l'action — 81
   - Des espaces d'où l'on parle : la scène, l'espace scénique — 81
     - Les espaces scéniques des chapitres 1 à 8 — 82
     - L'appartement de Gabriel et de Marceline (/Albertine) — 85

	Espaces dont on parle : le hors-scène, l'espace dramatique	87
	Chapitre 1 – séquence 3 : Zazie, Gabriel et Charles dans le taxi de ce dernier	88
	Espaces narrés, espaces montrés, espaces refusés	92
2.	**Espaces parcourus**	**97**
	Déplacements, itinéraires, odyssées	97
	Des déplacements incessants	98
	Carte de l'odyssée parisienne de Zazie	101
	Types et formes de mouvements	102
	Le cercle et le zigzag	102
	Mouvements ascendants et descendants	104
	Espaces de formation/espaces d'initiation	106
3.	**Espaces symboliques, paraboliques, métaphoriques**	**107**
	Labyrinthes	107
	Le métro : espace d'une quête/« abîme interdit »	110
	Le détroit de Messine et Paris-Babylone	112
	Espaces-décors (détruits)	115

III. Les personnages : du roman au film — 117
Marie-Noëlle Campana

1.	**Remarques préliminaires**	**117**
2.	**Étude des personnages du roman**	**118**
	Jeanne Lalochère	118
	Fédor Balanovitch	119
	Trouscaillon	120
	Turandot	122
	Laverdure	122
	Gridoux le cordonnier	123
	Charles	124
	Marceline	125
	Gabriel	126
	Zazie	130
	Zazie vue par les autres personnages	132
	Rôle de Zazie dans le roman	134
3.	**Le personnage quenien**	**135**
4.	**Le personnage quenien revu par Louis Malle**	**136**

IV. Le jeu avec les langages — 138

1. La poétique de Queneau : une écriture subversive, burlesque — 138
Carine Terrematte
Du burlesque grammatical — 138
    Le traitement de l'orthographe : ses effets stylistiques et poétiques — 138
    La recréation de la syntaxe du français parlé — 142
    La remise en cause de la conjugaison — 143
    L'enrichissement du lexique — 144
Du rire — 147
    La prolifération du calembour — 147
    Le comique d'incongruité — 148
De la pratique systématique de l'intertextualité — 149
    L'inspiration religieuse — 149
    Le souvenir de quelques auteurs célèbres — 151
    Quelques références pêle-mêle — 153
    Présence des philosophes — 155
    Chansons — 156
    Deux chansons de Raymond Queneau — 156
    Citations diverses — 157
    Films — 158
De la rhétorique — 158
Pour conclure — 159
Marie-Noëlle Campana

2. L'adaptation de l'esthétique du « déplacement » de Queneau par Louis Malle — 161
Stéphane Vial
À l'attaque du classicisme cinématographique — 162
    Un montage qui privilégie la discontinuité — 162
    Une utilisation particulière de la couleur — 163
    Une déformation des distances — 164
    Un regard du personnage tourné vers le spectateur — 164
    Une cadence de prises de vues modifiée — 165
    Un espace du plan exploité — 165
    Des sons « appuyés » — 166
Vers une réécriture parodique, burlesque et dénonciatrice — 166

Clap de fin — 170
Marie-Noëlle Campana

    « De quoi qu'on cause ? » — 170
    Le néo-français, une illustration de la réflexion sur le langage — 170
    L'être ou le néant, voilà le problème — 171
    « Tu parlais comme ça quand t'étais gosse ? » — 176
    « La vérité. Comme si tu savais cexé » — 182

Troisième partie
L'œuvre à l'examen

Étienne Calais – Marie-Noëlle Campana
Marie-Lucile Milhaud – Stéphane Vial

Épreuve de littérature de la série littéraire, applicable à compter de la session 2013 — 193

Sujets proposés — 197

Annexes

Zazie dans le métro, **film de Louis Malle, extrait de la séquence 24** — 205

Textes critiques — 208

Lexique du cinéma — 219

Bibliographie – Webographie — 223

Cet ouvrage a été achevé d'imprimer en août 2012
sur les presses de Normandie Roto Impression s.a.s.
61250 Lonrai
N° d'imprimeur : 123034
dépôt légal : août 2012

Imprimé en France